기도의 특권을 누리자

네비게이토 선교회는
국제적이며 복음적인 기독교 기관이다.
예수 그리스도께서는 자기를 따르는 자들에게
"너희는 가서 모든 족속으로 제자를 삼으라"
(마태복음 28:19)는 지상사명을 주셨다.
네비게이토 선교회는 세계 모든 국가에서
예수 그리스도의 일꾼들을 배가시켜
이 지상사명의 성취를 돕는 것을
근본 목표로 하고 있다.

네비게이토 출판사는
네비게이토 선교회의 문서 선교를 담당하고 있다.
본 출판사에서는 그리스도인의 영적 성장을 돕는
서적과 자료들을 출판하여,
그리스도인의 삶의 기초가 견고한
헌신된 제자로 성장하게 하고,
나아가 성숙한 인격과 지도력을 갖춘
일꾼이 되도록 돕고 있다.

저자 : 하 진 승
　　　한국 네비게이토 선교회 원로 회장

기도의 특권을 누리자

하 진 승

TO KNOW CHRIST AND TO MAKE HIM KNOWN

차 례

Ⅰ. 하나님을 의뢰하는 삶 ……………………… 7

Ⅱ. 하나님을 알자 ………………………………13
  1. 크신 하나님
  2. 선하신 하나님
  3. 지혜의 하나님
  4. 약속을 지키시는 하나님

Ⅲ. 기도의 특권 …………………………………35

Ⅳ. 기도의 태도 …………………………………43

Ⅴ. 기도의 우선순위 ……………………………53

Ⅵ. 기도의 내용 …………………………………59
  1. 기도의 손
  2. 큰 것을 구하라

Ⅶ. 응답받는 기도의 조건 ………………………81

Ⅷ. 구체적인 적용 사항들 ………………………91

Ⅰ 하나님을 의뢰하는 삶

무리를 보시고 민망히 여기시니 이는 저희가 목자 없는 양과 같이 고생하며 유리함이라. 이에 제자들에게 이르시되, "추수할 것은 많되 일꾼은 적으니, 그러므로 추수하는 주인에게 청하여 추수할 일꾼들을 보내어 주소서 하라" 하시니라. (마태복음 9:36-38)

이 말씀은 예수님께서 사역의 초기에 여러 성과 촌을 두루 다니시며 복음 전하실 때 수많은 무리가 고생하며 방황하는 것을 보시고 제자들에게 부탁하신 말씀입니다. 여기서 주님께서 보신 문제점은 수많은 사람들이 목자 없는 양같이 삶의 필요들을 채움받지 못하고 있다는 것과 그들의 필요를 채워 줄 일꾼들이 적다는 사실이었습니다. 밭에 누렇게 곡식이 익어 추수만을 기다리고 있는데 막상 그것들을 거두어들일 일꾼들이 없어 안타까워해 본 적이 있는 농부라면 조금은 그 마음을 이해할 만한 민망한 마음을 주님께서는 품고 계셨습니다. 그러나 농부가 안타까워하는 것이 곡식인데 반하여 주님께서 안타까워하시는 것은 바로 천하보다도 귀한 사람들이라는 데에 그 심각성이 있었습니다.

이처럼 절박한 문제점을 보시고 예수님께서 제자들에게 말씀하신 것이 바로 기도하라는 것이었습니다. 수많은 무리들의 영적인 필요들을 채우며 그들을 인도할 영적 지도자들 곧 영적인 추수 터의 일꾼들을 보내어 달라고 주인 되신 아버지 하나님께 기도하라고 말씀하셨던 것입니다. 대개의 사람들은 이런 문제에 직면하게 될 때 어떻게 하면 좋은 사무실을 구하고 훌륭한 일꾼들을 모집하며 또한 이에 필요한 자금을 확보하며 선교 전략을 세워 나갈 수 있을까 생각하면서 먼저 겉으로 드러나 보이는 일부터 시작하는 것을 보게 됩니다. 그러나 주님은 그렇게 선교를 시작하지 않으셨습니다. 주님께서 절박한 필요를 보시고 제일 먼저 강조하여 제자들에게 부탁하신 일은 하나님께 기도하라는 것이었습니다.

그리스도인의 삶은 자신의 노력만으로 되는 것이 아닙니다. 개인의 삶뿐만 아니라 하나님의 일을 하는 것은 더욱 그렇습니다. 자기 자신의 타고난 재능과 스스로 세우는 계획에 의하여 살아가는 것이 아니라, 주님을 의뢰하는 믿음으로 사는 것이 우리 그리스도인의 삶인 것입니다. 그러면 어떤 사람이 과연 믿음으로 사는 사람이겠습니까? 아주 강하게 보이고 씩씩하며 열심을 내는 것같이 보이는 그런 사람이 믿음을 가진 사람이겠습니까? 성경 말씀을 통하여 볼 때 우리는 다른 무엇보다도 기도하는 사람이 믿음을 가진 사람임을 알게 됩니다. 믿음으로 사는 삶의 대표적인 모습은 바로 기도하는 데서 발견됩니다. 어떤 필요를 발견할 때 그리스도인으로서 가장 먼저 해야 할 일은 바로 기도하는 것입니다.

먼저 기도는 하나님의 전능하심과 자신의 연약함을 인정하는 믿음에서 시작됩니다. 자신의 연약함을 인정하지 않는 사람은 기도의 필요성을 느끼지 않으며, 즉흥적으로 자기의 계획이나 자기의 생각대로 행동합니다. 그러나 이렇게 스스로 부족한 것이 없다고 생각할 때가 가장 위험한 때라는 것을 명심해야 합니다. 하나님께서는 그런 사람에게 이렇게 경고하십니다. "네가 말하기를, '나는 부자라. 부요하여 부족한 것이 없다' 하나 네 곤고한 것과 가련한 것과 가난한 것과 눈 먼 것과 벌거벗은 것을 알지 못하도다"(요한계시록 3:17). 우리 자신들은 본질적으로 질그릇같이 연약한 인생들입니다. 그러므로 믿음의 삶을 살고자 한다면 우리는 먼저 자신이 연약한 자임을 철저히 인정하고 오직 하나님께만 크신 능력이 있음을 알아야 합니다. "우리가 이 보배를 질그릇에 가졌으니 이는 능력의 심히 큰 것이 하나님께 있고 우리에게 있지 아니함을 알게 하려 함이라"(고린도후서 4:7).

여러 면에서 뛰어난 재능이 있었고 하나님으로부터 그 마음에 합한 사람이라는 칭찬을 들었던 다윗은 그가 지은 시편에서 이렇게 기도한 적이 있습니다. "여호와여, 나의 종말과 연한의 어떠함을 알게 하사 나로 나의 연약함을 알게 하소서"(시편 39:4). 우리 각자도 이런 기도를 할 필요가 있습니다. 그것은 자신이 약함을 알 때 하나님을 의뢰하게 되고 이를 통하여 하나님의 심히 크신 능력을 경험하게 되기 때문입니다.

우리는 자기 자신의 연약함을 인정할 뿐만 아니라 또한 기본적으로는 다른 사람들도 절대적인 의뢰의 대상으로 삼지 말아야 합니다. "방백들을 의지하지 말며 도울 힘이 없는 인생도 의지하지 말지니 그 호흡이 끊어지면 흙으로 돌아가서 당일에 그 도모가 소멸하리로다"(시편 146:3-4). 자기 자신의 과거의 경험이나 다른 사람을 의뢰하기보다 근본적으로 하나님을 신뢰의 대상으로 삼아야 합니다. 물론 이것은 다른 사람들의 도움을 늘 거부하며 독립적으로 모든 일을 처리하라는 말은 아닙니다. 다만 우리의 근본적인 신뢰의 바탕을 하나님께만 두어야 한다는 말입니다. 이렇게 하나님을 의뢰하는 사람은 물가에 심기운 나무가 어떤 심한 가뭄에도 잎이 청청하며 결실이 그치지 아니함같이 형통하게 되리라고 하나님께서는 약속하고 계십니다(예레미야 17:7-8 참조).

그렇다면 우리는 우리의 신뢰의 대상이시며 자기를 의뢰하는 자들에게 축복을 약속하고 계시는 하나님이 과연 어떠하신 분인가를 더욱 잘 알아야 할 필요가 있습니다. 하나님을 잘 알 때 우리는 자연스럽게 하나님께로 나아가게 될 것입니다. 우리의 기도의 삶과 연관하여 힘써 할 일 중의 하나는 하나님을 더욱 잘 알아 가는 것입니다.

II 하나님을 알자

그러므로 우리가 여호와를 알자. 힘써 여호와를 알자. 그의 나오심은 새벽빛같이 일정하니 비와 같이, 땅을 적시는 늦은 비와 같이 우리에게 임하시리라 하리라. (호세아 6:3)

하나님께서는 아침을 기다리는 자들에게 새벽빛이 밝아 오는 것같이 신실하게 자신을 나타내 주시며, 메마르고 갈급해 하는 사람들에게는 땅을 적시는 비와 같이 임하여 풍성한 은혜로 채워 주시는 분입니다. 이 세상에서 살아갈 때 우리가 알아야 할 것들이 많이 있지만 그리스도인으로서 진정 하나님 보시기에 지혜롭고 명철한 삶을 살고자 한다면 다른 무엇보다도 하나님 자신이 어떤 분이신가를 잘 알아야 합니다. 왜냐하면, "여호와를 경외하는 것이 지혜의 근본이요, 거룩하신 자를 아는 것이 명철"이기 때문입니다(잠언 9:10 참조). 하나님이 어떤 분이신가를 힘써 알아 갈 때 우리는 매일의 삶 가운데서 더욱 하나님의 뜻대로 살아가게 될 것이며 하나님과 더욱 친밀히 교제하는 삶에서 발전하게 될 것입니다.

1. 크신 하나님

성경에는 하나님에 대하여 너무나도 많은 것이 기록되어 있습니다. 그러나 기도와 연관하여 반드시 알아야 할 것 중의 하나는 하나님은 크신 하나님(예레미야 32:18)이시라는 사실입니다. 예레미야 32:17 말씀에 보면, "주께서 큰 능과 드신 팔로 천지를 지으셨사오니 주에게는 능치 못한 일이 없으시니이다"라고 하였습니다. 온 우주와 그 안의 모든 것을 지으신 하나님께서는 능치 못한 일이 없으십니다. 예레미야 32:27에서는 "나는 여호와요, 모든 육체의 하나님이라. 내게 능치 못한 일이 있겠느냐?"고 말씀하십니다.

이사야 31:1에 볼 것 같으면 이 크신 하나님을 제쳐 두고 도움을 구하러 애굽으로 내려가는 자들에게는 화가 있으리라고 하였습니다. 왜 그들이 애굽으로 내려갔습니까? 애굽의 막강한 군사력을 의지하여 적의 침략을 막아내고 전쟁에서 이기기 위해서였습니다. 이때 이스라엘 백성들은 말로는 하나님을 의지하노라고 했을지 모르지만 실상은 하나님보다 사람의 힘을 더 의뢰하고, 보이지 아니하는 하나님의 능력보다는 보이는 이웃 나라의 군대 힘을 더 의뢰하였던 것입니다. 그들은 하나님이 얼마나 크신 하나님이신가를 몰랐기 때문에 그런 행동을 취한 것입니다. 하나님의 크신 권능을 믿을 때에는 결코 애굽으로 도움을 받으러 내려가지 않습니다. 사람의 힘과 지혜의 도움을 구하기 전에 먼저 하나님께 구하게 되는 것입니다.

"여호와는 광대하시니 크게 찬양할 것이라. 그의 광대하심을 측량치 못하리로다"(시편 145:3) 한 말씀처럼 사실 하나님이 얼마나 크시고 위대하신가를 인간의 제한된 능력으로 다 이해하기란 불가능합니다. 다만 우리는 하나님이 지으신 크고 놀라운 것들과 우리에게 행하신 기이한 일들을 통하여 부분적으로나마 하나님의 크심을 이해할 수 있을 뿐입니다. 또 시편 95:3-5에서 시편 기자는 크신 하나님을 이렇게 찬양하였습니다. "대저 여호와는 크신 하나님이시요 모든 신 위에 크신 왕이시로다. 땅의 깊은

곳이 그 위에 있으며 산들의 높은 것도 그의 것이로다. 바다가 그의 것이라. 그가 만드셨고 육지도 그의 손이 지으셨도다." 이 시편 기자의 표현처럼 에베레스트나 몽블랑같이 높은 산이나 깊이 1만 미터가 넘는 필리핀 근해의 해구를 비롯한 모든 육지와 바다가 다 하나님의 지으신 것들입니다. 하나님께서는 또한 땅과 바다뿐만 아니라 그 안의 모든 살아 있는 생물도 지으셨습니다. "이는 삼림의 짐승들과 천산의 생축이 다 내 것이며 산의 새들도 나의 아는 것이며 들의 짐승도 내 것임이로다"(시편 50:10-11)라고 하나님께서 말씀하십니다.

하나님께서는 이 모든 것을 창조하시고 소유하고 계실 뿐만 아니라 또한 그것들을 다 아시고 통치하고 계시기에 크신 하나님이십니다. "여호와께서 그 보좌를 하늘에 세우시고 그 정권으로 만유를 통치하시도다"(시편 103:19). 하나님께서는 공중에 나는 참새 한 마리까지도 다 아시며, 우리의 머리털 하나까지도 다 세신 바가 되었다고 하였습니다(누가복음 12:6-7).

또한 하나님께서는 마지막 때에 세상 모든 것을 심판하시는 권세를 가지셨기에 크신 하나님이십니다. "하나님은 모든 행위와 모든 은밀한 일을 선악

간에 심판하시리라"(전도서 12:14). 진실로 하나님께서는 그의 정하신 때에 온 땅과 세계와 그 가운데 있는 모든 사람들을 선악 간에 심판하실 것입니다. "저가 임하시되 땅을 판단하려 임하실 것임이라. 저가 의로 세계를 판단하시며 그의 진실하심으로 백성을 판단하시리로다"(시편 96:13).

하나님이 이처럼 크신 하나님이심을 우리가 확신할 때 우리의 절박한 기도 내용을 과연 하나님께서 들어주실 수 있을까 걱정할 필요가 없게 됩니다. 우리 생각에 아무리 엄청난 것이라 여겨지는 기도 내용이라 할지라도 크신 하나님께는 작은 일에 불과합니다. 그러므로 크신 하나님이심을 알 때 자신의 기도 내용이 사람 생각에는 불가능하게 보일 정도로 특별한 것이라도 하나님은 들어주실 수 있다는 확신을 갖고 기도할 수 있게 됩니다.

2. 선하신 하나님

우리는 또한 하나님은 크신 하나님이실 뿐만 아니라 선하신 하나님이시라는 사실을 알아야 합니다. "여호와께 감사하라. 그는 선하시며 그 인자하심이 영원함이로다"(시편 136:1). 시편 145:8-9에서 "여호와는 은혜로우시며 자비하시며 노하기를 더디 하시며 인자하심이 크시도다. 여호와께서는 만유를 선대하시며 그 지으신 모든 것에 긍휼을 베푸시는도다"라고 하였습니다. 실로 하나님께서는 어지간한 일에 노하기를 더디 하십니다. 만약 하나님이 쉽게 노하시는 분이라면 이 세상은 벌써 멸망하였을 것입니다. 하나님을 향하여 불평하기도 하고 심지어는 하나님을 향하여 입에 담지 못할 욕을 하는 사람까지도 있습니다. 또 하나님보다 자기가 더 높은 것처럼 자처하는 교만한 사람도 있습니다. 하나님을 믿으니 내 주먹을 믿으라고 말하는 사람도 있습니다. 또 살아계신 하나님을 없다고 말하는 사람도 있습니다. 이런 모든 이야기를 들으시면서도 하나님께서는 쉽게 노하시지 않습니다.

우리는 흔히 자기가 가진 어떤 약점이나 허물에 대하여 누가 이야기하거나 비판하거나 하는 것을 들으면 화가 나는 것을 봅니다. 억울하게 당하는 일이 아니라 자기가 실제로 잘못한 경우라도 누가 거듭하여 자기의 흠에 대하여 이야기하면 몹시 화가 나는 법입니다. 그러나 하나님은 온전하시며 전혀 흠과 실

수가 없으신 분이심에도 불구하고 많은 인간들이 하나님을 잘못되게 표현하고 욕된 말을 하며 심지어 저주하는데도 하나님은 노하기를 더디 하십니다. 얼마나 인자하신 하나님이십니까?

또한 하나님께서는 만유 즉 모든 것을 선대하신다고 하였습니다. 무시하거나 거만한 모습으로 대하시는 것이 아니라 친절하며 선하게 대하여 주신다는 것입니다. 또 하나님께서는 지으신 모든 것에 긍휼을 베푸신다고 하였습니다. 왜 그렇게 하시겠습니까? 하나님의 성품이 선하시기 때문입니다. 하나님께서는 실로 꺼져 가는 등불도 끄지 아니하시고 상한 갈대도 꺾지 아니하시는 하나님이시기 때문입니다. 시편 31:19에 보면 "주를 두려워하는 자를 위하여 쌓아 두신 은혜 곧 인생 앞에서 주께 피하는 자를 위하여 베푸신 은혜가 어찌 그리 큰지요"라는 말씀이 있습니다. 이 말씀에는 아주 특별한 표현이 있습니다. 주님을 두려워하는 자를 위하여 은혜를 쌓아 두셨다고 하신 것과 그 쌓아 두신 은혜가 크다고 한 것입니다. 실로 하나님께서는 주님을 경외하는 자에게 크신 은혜를 베푸시기 위하여 은혜를 쌓아 두고 계십니다. 하나님께서는 건방진 태도로 나아오는 자에 대하여 노하기를 더디 하실 뿐만 아니라 자기를 두려워하는 자를 위하여는 큰 은혜를 쌓아 두고 계시는 것입니다.

하나님이 이처럼 선하신 분임을 알 때 그 결과 우리는 자신의 부족과 허물과 죄로 말미암아 자포자기하거나 그 가운데 머물러 있지 아니하고 하나님께 나아가 죄를 자백하는 기도를 할 수 있게 됩니다. 인간 사회에서 죄를 자백하지 못하는 이유는 무엇입니까? 형벌에 대한 두려움 때문에, 즉 자신에게 해만 될 것이라고 생각하기 때문에 그러는 것입니다. 그러나 하나님은 선하시기 때문에 우리의 죄를 용서하시며 연약한 가운데 있는 우리를 긍휼히 여겨 주십니다. 우리가 만약 하나님이 선하시다는 사실을 알지 못하면 우리의 죄를 자백하지도 못하고 늘 죄책감 가운데 살게 될 것이며, 계속 죄 가운데 머물러 있게 될 것입니다. 그러나 하나님은 선하시므로 죄를 자백하는 자를 선대하셔서 그 죄를 용서해 주시고 또한 모든 불의로부터 깨끗케 하여 주신다고 약속하셨습니다. "만일 우리가 우리 죄를 자백하면 저는 미쁘시고 의로우사 우리 죄를 사하시며 모든 불의에서 우리를 깨끗케 하실 것이요"(요한일서 1:9). 우리는 바로 이 약속을 알고 누려야 합니다.

또한 하나님의 선하심을 알 때 오는 결과 중의 하나는 히브리서 4:16 말씀처럼 하나님께 담대히 나아가 기도할 수 있게 되는 것입니다. "그러므로 우리가 긍휼하심을 받고 때를 따라 돕는 은혜를 얻기 위하여 은혜의 보좌 앞에 담대히 나아갈 것이니라." 하나님은 우리의 모든 사정을 친구처럼 들어 주시고 공감하시며 우리의 필요를 때에 맞게 채워 주시는 분이십니다. 모세가 하나님과 친구처럼 교제를 나눌 수 있었던 것도 바로 하나님이 선하신 분이심을 잘 알고 있었기 때문이었습니다. "사람이 그 친구와 이야기함같이 여호와께서는 모세와 대면하여 말씀하시며…"(출애굽기 33:11).

3. 지혜의 하나님

하나님은 지혜의 하나님이십니다. "여호와께서 그 권능으로 땅을 지으셨고 그 지혜로 세계를 세우셨고 그 명철로 하늘들을 펴셨으며"(예레미야 10:12). "너는 알지 못하였느냐? 듣지 못하였느냐? 영원하신 하나님 여호와, 땅 끝까지 창조하신 자는… 명철이

한이 없으시며"(이사야 40:28). 우리는 매우 제한된 지혜와 명철을 가지고 있지만 하나님은 한없는 지혜와 명철을 가지고 계십니다. 또한 로마서 11:33 말씀을 보면 "깊도다, 하나님의 지혜와 지식의 부요함이여. 그의 판단은 측량치 못할 것이며 그의 길은 찾지 못할 것이로다"라고 하였습니다. 이런 말씀들을 대할 때 우리는 어떤 생각들을 갖게 됩니까? '하나님의 생각은 나의 생각보다 낫다' 혹은 '하나님은 나보다 많은 것을 아신다'라고 생각됩니까? 그런 정도가 아닙니다. 하나님의 지혜는 인간의 어떤 상상력으로도 미처 짐작할 수 없을 정도로 풍부하십니다. 우리가 솔로몬을 지혜의 왕으로 기억하고 있지만 사실 그의 지혜도 상상할 수 없을 정도로 큰 하나님의 지혜의 극히 적은 일부분을 받은 것에 불과한 것입니다.

고린도전서 1:25 말씀은 이렇게 보여 줍니다. "하나님의 미련한 것이 사람보다 지혜 있고, 하나님의 약한 것이 사람보다 강하니라." 사실 하나님 안에 미련한 것이라고는 도무지 있을 수가 없습니다. 그런데도 인간의 생각 중에는 하나님의 계획, 하나님의 뜻, 하나님의 방법을 미련하다고 판단하는 수가 있습니다. 그러나 하나님의 방법이 겉으로 보기에 미련하게 여겨질지 몰라도 실제로는 인간의 상상을 초월하는 지혜가 그 안에 담겨 있는 것입니다. 위 말씀에서 '하나님의 미련한 것'이라는 표현을 쓴 것은 실제로 하나님께 약간 미련한 부분이 있다는 말이 아니라, 인간의 잘못된 생각의 표현을 인용해 본 것에 불과한 것입니다. 하나님의 약한 것이라는 표현도 마찬가지입니다. 인간이 보기에 하나님께 어떤 약한 면이 있는 것처럼 생각된다 할지라도 그 약하다고 생각되는 면조차도 인간보다는 강한 것입니다.

그러면 우리가 진정으로 하나님이 지혜의 하나님이심을 믿을 때 어떤 결과가 삶에 나타나겠습니까? 지혜를 위하여 구하게 됩니다. 올바른 영적 분별력이 필요할 때가 많은데 이를 위하여 기도하게 되는 것입니다. 또한 지혜의 하나님을 믿을 때 자신의 지혜로 자기 길을 결정하고 이끌어 가기보다는 하나님을 의뢰하며 하나님의 말씀을 따라 살게 됩니다. 하나님의 말씀이 때로 세상적 관점에서는 비합리적인 것처럼 보일 때조차도 말씀의 진리가 더 올바른 방법이라는 것을 믿기 때문에 말씀을 따라 살고 말씀을 따라 기도하게 되는 것입니다. 또한 나의 생각과 계획을 가지고 무슨 일을 하다가 그것이 제대로 이루어지지 않을 때 마음에 융통성을 가질 수 있습니다. 그리고 일어나는 모든 일에 대하여 마음에 평안을 가질 수 있습니다. 빌립보서 4:6-7 말씀과 같이 모든 일에 대하여 기도할 때 하나님의 평강이 우리 마음을 지켜 주시기 때문입니다.

아무것도 염려하지 말고 오직 모든 일에 기도와 간구로, 너희 구할 것을 감사함으로 하나님께 아뢰라. 그리하면 모든 지각에 뛰어난 하나님의 평강이 그리스도 예수 안에서 너희 마음과 생각을 지키시리라.

4. 약속을 지키시는 하나님

하나님은 인생이 아니시니 식언치 않으시고 인자가 아니시니 후회가 없으시도다. 어찌 그 말씀하신 바를 행치 않으시며 하신 말씀을 실행치 않으시랴. (민수기 23:19)

우리는 때로 사람들이 약속을 지키지 않음으로 인하여 실망하는 경우가 있습니다. 약속을 지키지 않는 데에는 여러 가지 이유가 있습니다. 단순히 잊

어버리고 지키지 않는 경우도 있지만 많은 경우에 약속할 때와 그것을 이행해야 할 때의 마음이 달라져 지키지 않는 때도 있습니다. 혹은 약속을 지키고자 하는 마음은 있어도 그것을 이행할 능력이 없어서 못하는 때도 있습니다. 그러나 하나님께서는 약속을 반드시 지키십니다. 크고 선하시며 지혜로우신 하나님께서는 한 번 하신 약속에 대하여는 끝까지 성실하게 이루어 주십니다. 처음 약속에 대하여 결코 후회하시거나 잊어버리시는 적이 없습니다.

옛적에 이스라엘 백성들이 애굽에서 나올 때에도 하나님께서는 친히 하신 약속을 다 이루어 주셨던 것을 봅니다. 여호수아 21:43-45 말씀은 이렇게 기록하고 있습니다. "여호와께서 이스라엘의 열조에게 맹세하사 주마 하신 온 땅을 이와 같이 이스라엘에게 다 주셨으므로 그들이 그것을 얻어 거기 거하였으며, 여호와께서 그들의 사방에 안식을 주셨으되 그 열조에게 맹세하신 대로 하셨으므로 그 모든 대적이 그들을 당한 자가 하나도 없었으니, 이는 여호와께서 그들의 모든 대적을 그들의 손에 붙이셨음이라. 여호와께서 이스라엘 족속에게 말씀하신 선한 일이 하나도 남음이 없이 다 응하였더라." 하나님께서는 약속하신 선한 계획을 이렇게 완벽하게 이루어 주셨습니다.

성경 말씀을 자세히 읽어 보면 하나님께서 주신 약속들을 구체적으로 기억하며 적극적으로 주장함으로 하나님께서 그 약속을 이루어 주시는 것을 경험한 예들을 많이 발견하게 됩니다. 모세의 경우는 이스라엘 백성을 이끌고 애굽을 나올 때 하나님께서 전에 그에게 하셨던 말씀을 기억하며 그 말씀대로 은총을 보이시고 주의 길로 인도해 주시길 간구하였습니다. "모세가 여호와께 고하되… **주께서 전에 말씀하시기를, '나는 이름으로도 너를 알고 너도 내 앞에 은총을 입었다' 하셨사온즉, 내가 참으로 주의 목전에 은총을 입었사오면 원컨대 주의 길을 내게 보이사 내게 주를 알리시고 나로 주의 목전에 은총을 입게 하시며 이 족속을 주의 백성으로 여기소서**"(출애굽기 33:12-13). 이와 같이 약속을 주장하며 기도한 내용대로 하나님께서는 과연 은혜를 베푸셔서 모세와 이스라엘 백성을 인도해 주셨습니다.

느헤미야는 사로잡혀간 유다인의 후손으로서 바사 왕국의 관원이 되었었는데, 어느 날 고국으로부터 온 사람들로부터 유다 사람들이 큰 환난을 당하고 예루살렘성은 훼파되고 성문은 불에 탔다는 소식을 듣고는 기도하기 시작했습니다. "가로되, '하늘의 하나님 여호와, 크고 두려우신 하나님이여, 주를 사랑하고 주의 계명을 지키는 자에게 언약을 지키시며 긍휼을 베푸시는 주여, 간구하나이다'"(느헤미야 1:5). 이와 같이 느헤미야는 하나님이 언약을 지키시는 하나님이심을 확신하며 하나님께서 이전에 주신 약속들을 기억하시고 그것을 이루어 주시길 주장하는 기도를 하였습니다. "옛적에 주께서 주의 종 모세에게 명하여 가라사대, '만일 너희가 범죄하면 내가 너희를 열국 중에 흩을 것이요, 만일 내게로 돌아와서 내 계명을 지켜 행하면 너희 쫓긴 자가 하늘 끝에 있을지라도 내가 거기서부터 모아 내 이름을 두려고 택한 곳에 돌아오게 하리라' 하신 말씀을 이제 **청컨대 기억하옵소서**"(느헤미야 1:8-9). 하나님께서는 약속을 주장하는 그 기도를 들어주셔서 느헤미야는 마침내 바사 왕 아닥사스다의 허락을 받고 예루살렘에 가서 무너진 성을 중건하고 백성들을 모을 수 있었습니다(느헤미야 6:15-16, 7:73 참조).

하나님께서는 성경 말씀을 통하여 수많은 약속들을 우리에게 주셨는데, 그 많은 약속들은 우리가 예수 그리스도께 속할 때 얻게 된 것입니다. "너희가 그리스도께 속한 자면 곧 아브라함의 자손이요 약속대로 유업을 이을 자니라"(갈라디아서 3:29). 이처럼 그리스도를 믿는 우리는 아브라함이 받은 유업의 약속을 그대로 물려받게 된 것입니다.

우리는 신실하신 하나님께서 성경 말씀을 통하여 우리에게 주신 약속들을 적극적으로 주장하며 약속을 따라 행하고 순종하는 삶을 살아야 합니다. 때때로 단기적으로 볼 때에는 이루어지지 않는 것처럼 보이는 약속들도 있습니다. 그러나 하나님께서는 그가 정하신 가장 좋은 때에 가장 좋은 것으로 이루어 주십니다. "우리는 미쁨이 없을지라도 주는 일향 미쁘시니 자기를 부인하실 수 없으시리라"(디모데후서 2:13). 사람은 상황에 따라 마음이 달라져 믿을 수 없을 때가 있지만 하나님은 오직 한 가지로 미쁘시므로 우리가 하나님의 뜻대로 행한 후에 약속을 받기까지는 믿음의 인내로 기다려야 합니다(히브리서 10:36 참조).

아브라함은 하나님께서 그에게 하신 약속들이 전혀 이루어질 것 같지 않은 환경 가운데서도 하나님의 약속을 의심치 않고 하나님께서 능히 이루실 것을 확신하였습니다. "아브라함이 바랄 수 없는 중에 바라고 믿었으니, 이는 네 후손이 이 같으리라 하신 말씀대로 많은 민족의 조상이 되게 하려 하심을 인함이라"(로마서 4:18). 아브라함의 놀라운 믿음에 대하여는 히브리서 11장에서 상세히 설명해 주고 있습니다. 또 히브리서 6:14-15에 보면 아브라함은 약속을 받기까지 역시 오래 참았음을 알 수 있습니다. "가라사대, '내가 반드시 너를 복 주고 복 주며 너를 번성케 하고 번성케 하리라' 하셨더니, 저가 이같이 오래 참아 약속을 받았느니라."

말씀 가운데 나타난 많은 약속들 중 대표적인 몇 가지만 살펴보겠습니다. 먼저 하나님께서 주신 약속 중에 세계에 대한 약속이 있습니다. 이것은 하나님께서 우리 믿는 각 사람을 통하여 온 세상을 복 주시겠다는 약속입니다. 즉 우리 각 사람을 하나님의 축복의 통로로 사용하시겠다는 것입니다. "'내가 너로 큰 민족을 이루고 네게 복을 주어 네 이름을 창대케 하리니 너는 복의 근원이 될지라. 너를 축복하는 자에게는 내가 복을 내리고 너를 저주하는 자에게는 내가 저주하리니 땅의 모든 족속이 너를 인하여 복을 얻을 것이니라' 하신지라"(창세기 12:2-3).

부활하신 예수님께서는 세계에 대한 약속 성취를 위해 성령께서 우리 속에서 어떤 일을 행하실 것인가를 이렇게 상기시키셨습니다. "'오직 성령이 너희에게 임하시면 너희가 권능을 받고 예루살렘과 온 유대와 사마리아와 땅 끝까지 이르러 내 증인이 되리라' 하시니라"(사도행전 1:8).

마태복음 28:19-20에서 예수님께서는 모든 족속으로 제자를 삼을 것을 명하신 다음에 늘 우리와 함께하실 것을 약속하셨습니다. "'그러므로 너희는 가서 모든 족속으로 제자를 삼아 아버지와 아들과 성령의 이름으로 세례를 주고, 내가 너희에게 분부한 모든 것을 가르쳐 지키게 하라. 볼지어다. 내가 세상 끝 날까지 너희와 항상 함께 있으리라' 하시니라." 하늘과 땅의 모든 권세를 가지신 예수님께서 항상 우리와 함께하실 것을 약속하신 것입니다.

하나님께서는 또한 우리가 먼저 그의 나라와 그의 의를 구하는 삶을 살 때 우리에게 필요한 모든 것을 공급해 주실 것을 약속하셨습니다. "너희는 먼저 그의 나라와 그의 의를 구하라. 그리하면 이 모든 것을 너희에게 더하시리라"(마태복음 6:33).

요한복음 15:5 말씀은 우리가 예수님 안에서 동행

하는 삶을 살 때 풍성한 열매를 맺게 될 것을 약속하고 있습니다. "나는 포도나무요 너희는 가지니, 저가 내 안에, 내가 저 안에 있으면 이 사람은 과실을 많이 맺나니 나를 떠나서는 너희가 아무것도 할 수 없음이라."

또 주님은 우리 삶에 평안과 안식을 약속하셨습니다. "평안을 너희에게 끼치노니 곧 나의 평안을 너희에게 주노라. 내가 너희에게 주는 것은 세상이 주는 것 같지 아니하니라. 너희는 마음에 근심도 말고 두려워하지도 말라"(요한복음 14:27). "'나는 마음이 온유하고 겸손하니 나의 멍에를 메고 내게 배우라. 그러면 너희 마음이 쉼을 얻으리니, 이는 내 멍에는 쉽고 내 짐은 가벼움이라' 하시니라"(마태복음 11:29-30). 우리가 주님의 멍에를 메고 주님을 배울 때 참된 안식을 누리게 됨을 약속하신 것입니다.

주님께서 주신 귀한 약속 중에 재림의 약속이 있습니다. 주님께서 승천하셔서 우리를 위하여 처소를 예비하시면 다시 오실 것을 약속하신 것입니다. "가서 너희를 위하여 처소를 예비하면 내가 다시 와서 너희를 내게로 영접하여 나 있는 곳에 너희도 있게 하리라"(요한복음 14:3). "이것들을 증거하신 이가 가라사대, '내가 진실로 속히 오리라' 하시거늘, 아멘, 주 예수여, 오시옵소서"(요한계시록 22:20).

주님은 또한 우리의 기도에 응답하여 주실 것을 약속하셨습니다. "지금까지는 너희가 내 이름으로 아무것도 구하지 아니하였으나, 구하라 그리하면 받으리니 너희 기쁨이 충만하리라"(요한복음 16:24). "구하라 그러면 너희에게 주실 것이요, 찾으라 그러면 찾을 것이요, 문을 두드리라 그러면 너희에게 열릴 것이니, 구하는 이마다 얻을 것이요, 찾는 이가 찾을 것이요, 두드리는 이에게 열릴 것이니라"(마태복음 7:7-8).

이상에서 성경 말씀에 나오는 몇 가지 주님의 약속들을 살펴보았는데 이 외에도 수많은 약속들이 있습니다. 사실 성경은 어떤 면에서 하나님의 약속들과 그 약속들이 어떻게 성취되어 왔고 또 어떻게 성취되어 갈 것인가를 기록한 책이라고도 볼 수 있습니다. 주님께서는 우리가 이런 약속들을 바로 개인에게 주신 것으로 믿고 각자의 삶에서 주장하길 원하십니다. 그렇게 할 때 우리는 살아 계신 하나님께서 참으로 우리와 함께하시며 그 약속들을 실제로 이루어 주시는 것을 경험하게 됩니다.

하나님께서는 "그 언약 곧 천대에 명하신 말씀을 영원히 기억하시며"(시편 105:8) 반드시 지키시는 하나님이십니다. "그를 향하여 우리의 가진바 담대한 것이 이것이니 그의 뜻대로 무엇을 구하면 들으심이라. 우리가 무엇이든지 구하는 바를 들으시는 줄을 안즉 우리가 그에게 구한 그것을 얻은 줄을 또한 아느니라"(요한일서 5:14-15). 이것이 우리가 가져야 할 확신입니다.

우리는 이상에서 하나님이 크신 하나님이시고, 선하신 하나님이시며, 지혜로우신 하나님이시고, 또한 약속을 지키시는 하나님이심을 살펴보았습니다. 여기서 간단히 살펴본 것은 하나님에 대한 극히 일부분에 지나지 않습니다. 그러므로 개인적으로 하나님은 과연 어떠하신 하나님이신가를 더욱 깊이 있게 공부해 보면 자신의 기도 생활에 강한 동기가 생기게 되고 더욱 큰 발전이 있을 것을 확신합니다.

Ⅲ 기도의 특권

우리는 은혜라고 하는 말을 많이 듣습니다. 좋은 하나님의 말씀을 듣고 나면 말씀을 들려준 사람에게 찾아가서 은혜를 참 많이 받았다고 이야기하곤 합니다. 또는 그리스도인의 교제를 갖고 난 뒤에 마음에 감동을 받고 기쁘면 '오늘은 참 은혜를 많이 받았구나'라고 생각하곤 합니다. 은혜란 기본적인 의미에 있어서, 받을 자격이 없는데 거저 받게 된 어떤 귀한 것을 가리키는 말입니다. 하나님으로부터 온 많은 은혜들이 있습니다. 우리가 하나님께로부터 받은 큰 은혜 중의 하나는 바로 기도의 특권입니다.

우리 자신이 과거에 어떠한 사람이었나 하는 것을 생각해 보면 현재 하나님께 기도할 수 있게 된 것이 얼마나 큰 은혜이며 특권인가 하는 것을 실감하게 됩니다. 골로새서 1:21에 보면 그리스도를 믿기 전의 우리에 대하여 "전에 악한 행실로 멀리 떠나 마음으로 원수가 되었던 너희"라고 하였습니다. 우리는 전에 하나님과 원수 된 상태에 있었기 때문에 감히 하나님 앞에 나아갈 수가 없었습니다. 죄로 더럽혀진 우리는 거룩하신 하나님 앞에 감히 얼굴을 들 수조차 없었습니다. 그리고 결국은 그 죄로 말미암아 지옥의 불못 가운데로 들어가 영원한 고통의 형벌을 받을 수밖에 없는 상태에 있었습니다. 이와 같은 우리 각 사람을 하나님께서는 예수 그리스도의 십자가의 공로로 말미암아 모든 죄를 용서하시고 또한 영원한 생명을 주셨으며 자기의 친자녀로 삼아 주셔서 하나님께로 나아갈 수 있게 하셨는데, 이것이 바로 우리가 하나님께로부터 받은 가장 큰 은혜인 것입니다.

바사 왕국을 비롯한 고대의 근동 지방에서는 지위 고하를 막론하고 누구든지 왕의 부름이 없이는 왕 앞에 나아갈 수가 없었습니다. 이것은 어기면 죽음을 면치 못할 정도로 극히 엄한 법이었습니다. 에스더 4장에 보면 바사 제국 아하수에로 왕의 왕후인 에스더조차도 예외가 아니었던 것을 알 수 있습니다. 사촌 오라버니인 모르드개가 그들의 동족 유다인이 몰살당할 위험에 처해 있다는 소식을 전해 주고 이어 왕 앞에 나아가서 동족을 위하여 간절히 구해 보라는 부탁을 할 때, 왕후 에스더는 다음과 같이 말했습니다. "왕의 신복과 왕의 각 도 백성이 다 알거니와, 무론 남녀하고 부름을 받지 아니하고 안뜰에 들어가서 왕에게 나아가면 오직 죽이는 법이요, 왕이 그 자에게 금홀을 내어 밀어야 살 것이라. 이제 내가 부름을 입어 왕에게 나아가지 못한 지가 이미 삼십 일이라"(에스더 4:11). 이처럼 에스더는 주저하지 않을 수가 없었습니다. 부름을 받지 않고 왕 앞에 나아가는 일은 생명을 거는 모험이었기 때문입니다. 결국 에스더는 왕 앞에 나아가 구함으로 자기 동족을 구할 수 있었지만 그렇게 하기까지에는 "죽으면 죽으리라"는 각오가 있어야 했던 것입니다(에스더 4:16 참조).

왕후인 에스더가 그러했다면 일반 백성들이나 죄인 된 자가 왕 앞에 나아간다는 것은 어떠했겠습니까? 그런 일은 상상할 수조차 없었습니다. 그런데 이 엄한 규례 중에도 예외가 있었는데, 그것은 왕의 뒤를 이을 왕자는 왕의 부름이 없어도 언제든지 왕 앞에 나아갈 수가 있었던 것입니다. 그리스도 안에서 하나님의 자녀로 거듭난 우리는 바로 이러한 왕자의 특권을 하나님 앞에서 얻게 되었습니다(로마서 8:14-17). 우리는 이제 에스더처럼 죽으면 죽으리라는 각오를 하며 두려움 가운데 나아갈 필요가 없이 하나님의 친자녀와 유업의 상속자로서 언제든지 하나님 앞에 담대히 나아갈 수 있는 것입니다. "우리가 그 안에서 그를 믿음으로 말미암아 담대함과 하나님께 당당히 나아감을 얻느니라"(에베소서 3:12).

오늘날에도 대통령이나 왕을 비롯한 국가 원수에게 아무나 아무 때나 나아갈 수 있는 것은 아닙니다. 왕을 만나는 것은 옛날이나 오늘날이나 큰 특권입니다. 하물며 원수처럼 행하며 멀리 떠나 있던 우리, 죄 가운데 있던 우리가 온 우주의 왕이신 거룩하신 하나님 앞에 나아갈 수 있다는 것이야말로 엄청난 은혜이며 특권인 것입니다. 히브리서 4:16 말씀은 우리가 하나님께로부터 받은 이 특권의 의미를 아주 잘 설명해 주고 있습니다. "그러므로 우리가 긍휼하심을 받고 때를 따라 돕는 은혜를 얻기 위하여 은혜의 보좌 앞에 담대히 나아갈 것이니라." 이 말씀을 통하여 우리가 받은 특권의 의미를 좀 더 살펴보겠습니다.

"그러므로 우리가 긍휼하심을 받고." 우리가 무슨 긍휼하심을 받았습니까? 긍휼이란 불쌍히 여기는 것입니다. 우리는 믿기 전에 우리 자신이 곤고한 것과 가련한 것과 눈 먼 것과 벌거벗은 것을 알지 못하는 가운데 살고 있었고(요한계시록 3:17 참조), 또한 하나님과 원수 된 자였기 때문에, 감히 하나님 앞에 나아가 기도한다는 것은 상상할 수도 없었고, 결국은 영원한 불 못의 고통 가운데 처할 수밖에 없었습니다. 이와 같이 가련한 우리의 죄를 하나님께서는 예수 그리스도의 십자가에서의 대속의 공로로 모두 용서하여 주시고, 뿐만 아니라 우리를 자기의 자녀로 삼아 주셔서 영원한 하늘나라의 축복을 누리는 삶을 살게 해주셨습니다. 그뿐 아니라 하나님의 도움이 필요할 때 언제든지 하나님께 자유롭게 나아갈 수 있게 해주셨습니다. 이것이 바로 우리가 하나님께로부터 받은 긍휼인 것입니다.

긍휼하심을 받은 것에 대한 확신이 없는 사람은 기도하지 않습니다. 또 어떤 사람은 자신의 곤고한 것과 가련한 것을 깨닫지 못하기 때문에 기도의 필요성을 느끼지 못합니다. 혹은 어떤 이는 하나님을 생각할 때에 용서하시고 긍휼히 여겨 주시는 하나님이심을 알지 못하고 오직 심판하시고 형벌을 내리시는 두려운 하나님으로만 알고 있기 때문에 하나님께 나아가지 못하는 경우도 있습니다. 그러나 하나님은 이제 우리에게 그와 같은 하나님이 아닙니다.

우리의 연약함을 아시고 우리를 긍휼히 여기시는 하나님이십니다.

"때를 따라 돕는 은혜를 얻기 위하여." 하나님은 우리의 필요를 때에 맞게 채워 주시는 분이십니다. 우리에게 불필요한 것, 해로운 것은 주시지 않고 꼭 필요한 것을 주시는 하나님이십니다. 또한 우리에게 필요한 것이라면 때로 우리가 구하고 기대한 것보다도 더 풍성하게 공급해 주시기도 합니다. 그러나 하나님께서는 우리에게 필요한 것을 한꺼번에 주시지는 않습니다. 오히려 그때그때 필요한 것을 때에 맞게 채워 주시길 기뻐하십니다. 시편 62:8에 보면, "백성들아, 시시로 저를 의지하고 그 앞에 마음을 토하라"고 하였습니다. 일주일에 한 번, 한 달에 한 번, 혹은 일 년에 한 번 하나님을 의지하고 그 앞에 마음을 토하며 기도하라고 한 것이 아니라 '시시로' 그를 의지하고 마음을 토하라고 하였습니다. 왜냐하면 주님께서는 우리의 매순간순간의 필요들에 대하여 그만큼 관심을 기울이고 계시기 때문입니다. 데살로니가전서 5:17 말씀에서도 "쉬지 말고 기도하라"고 명령하고 있습니다. 우리는 어떤 특별한 때에도 물론 기도해야 하지만 특별하지 않다고 생각되는 때에도 열심히 기도해야 합니다. 하나님께서 끊임없이 우리의 필요들을 채워 주시고자 관심을 기울이시는 만큼 우리도 시시로 그를 의지하고 마음을 토하는 기도를 해야 합니다.

"은혜의 보좌 앞에 담대히 나아갈 것이니라." 누구든지 하나님 앞에 나아갈 자격을 자기 자신의 능력으로 얻어 낸 사람은 없습니다. 우리 자신은 본래 내세울 것도 자랑할 것도 없는 무가치한 사람들이었습니다. 오히려 죄인이며 원수 된 자들이었습니다. 그럼에도 불구하고 하나님께서는 우리를 받아 주시고 용서해 주셨으며 언제든지 시시로 그 보좌 앞에 나아오라고 초청해 주셨습니다. 그러므로 그곳은 은혜의 보좌인 것입니다. 아무 자격이 없지만 찾아갈 수 있고 거기서 우리의 모든 필요들뿐만 아니라 마음에 있는 모든 것을 토하듯이 다 하나님께 말씀드릴 수 있기 때문입니다.

하나님은 우리가 마음에 있는 모든 것을 고할 때 그것을 들어 주시며 또한 우리의 요청을 꾸짖지 않고 들어 주십니다. 우리 하나님은 실로 '꾸짖지 아니하시고 후히 주시는 하나님'이십니다(야고보서 1:5). 우리는 하나님 앞에 나아가서 실수로 잘못 이야기할 것에 대하여 두려워할 필요가 없는 것입니다. 하나님께서는 실수에 대하여는 용서해 주시며, 잘못된 것은 올바르게 가르쳐 주시며, 우리에게 필요한 것은 후히 주시는 분이시기 때문입니다. 그러므로 우리는 이 은혜의 보좌 앞에 담대히 나아갈 수 있습니다. 하나님보다 더 든든한 공급의 원천은 없습니다. 참으로 지혜로운 사람은 빈약한 자기 지혜를 따라 사는 사람이 아니라, 때를 따라 도우시는 하나님의 은혜의 보좌 앞에 나아가 후히 주시는 하나님의 은혜를 따라 사는 사람인 것입니다.

시편 146:3 말씀에 보면, "방백들을 의지하지 말며 도울 힘이 없는 인생도 의지하지 말지니"라고 하였습니다. 방백들, 다시 말하면 이 세상에서 권세 잡은 사람들을 의지하여 무언가를 해보려고 하지 말라고 하였습니다. 그들의 힘이란 언제 어떻게 소멸될지 모르는 불완전한 것이며 제한된 것이기 때문입니다. 그러나 하나님은 언제든지 때를 따라 우리의 모든 필요를 채워 주실 수 있는 전능하신 하나님이십니다. 그러므로 가장 현명한 사람은 기도의 특권을 누림으로써 하나님의 모든 자원을 자기 것으로 삼는 사람인 것입니다.

Ⅳ 기도의 태도

하나님이 어떠하신 분인가를 잘 알게 되고 또한 기도가 하나님께서 우리에게 은혜의 선물로 주신 특권이란 것을 잘 알게 될 때 우리로부터 자연스럽게 나타나야 할 반응이 있게 마련인데, 그것은 하나님을 찬양하는 것입니다. 찬양은 하나님을 잘 알 때 그 결과로 맺어지게 되는 열매입니다. 찬양은 우리 마음의 초점을 하나님께 맞추게 해줍니다. 또한 찬양은 우리 마음을 하나님과의 교제에 강하게 이끌리게 해줍니다. 찬양은 또한 하나님께 대한 우리 마음의 확신의 표현이기 때문에 하나님께 대한 확신을 많이 가질수록 우리는 더 많은 찬양을 하게 됩니다.

히브리서 13:15 말씀을 보면, 찬양은 단지 기도의 한 요소가 아니라 그 자체가 하나님께 드릴 우리의 제사임을 알게 됩니다. "이러므로 우리가 예수로 말미암아 항상 찬미의 제사를 하나님께 드리자. 이는 그 이름을 증거하는 입술의 열매니라." 이 말씀에서 우리는 두 가지 사실을 발견하게 됩니다. 첫째로, 찬미는 곧 제사라는 사실입니다. 하나님께서는 우리의 찬양을 기쁨으로 흠향하십니다. 그러므로 우리는 이 찬양의 제사를 항상 하나님께 드려야 합니다. 둘째로, 찬양은 하나님께 대한 우리의 확신을 증거하는 것이라는 사실입니다. 곧 하나님을 찬양하는 사람은 이로써 하나님을 널리 전하게 되는 것입니다. 이와 같이 찬양은 하나님을 기쁘시게 해드리는 향기로운 제사이며 또한 하나님께 대한 우리의 신뢰를 표현하는 것이기 때문에, 우리가 삶 가운데서 하나님을 어떻게 찬양하는가를 살펴보면 곧 우리가 하나님과 얼마나 깊은 교제를 나누는 삶을 살고 있나를 알 수 있습니다.

하나님께 대한 찬양은 하나님을 잘 알 때 자연스럽게 나타난다고 하였는데, 우리가 하나님을 잘 아는 데에는 두 가지 중요한 통로가 있습니다. 하나는 하나님의 말씀을 통하여 하나님을 배우는 것이며, 또 하나는 이 말씀을 실제 삶에서 경험하는 것입니다. 만약 하나님에 대한 말씀은 많이 알고 있지만 그 말씀을 따라 살고 있지 않거나 그 말씀을 경험한 것이 아니라면 이런 사람은 하나님을 올바로 알고 있는 것이 아니기 때문에 찬양이 자연스럽게 나올 수 없는 것입니다.

다윗은 하나님을 지적으로 알 뿐만 아니라 하나님을 경험했기 때문에 아주 풍성한 찬양의 시를 쓸 수가 있었습니다. 그가 지은 여러 편의 시 중에는 하나님을 찬양하는 내용들이 많이 나오는데, 그중에 시편 145편을 한 예로 살펴보면서 다윗이 알고 경험한 하나님에 대한 많은 찬양의 내용에서 우리가 배워야 할 점들을 살펴보겠습니다.

1절과 2절에서 그는 하나님의 이름을 찬양하였습니다. 3절부터 6절까지는 하나님의 크심에 대한 찬양이 나옵니다. 7절부터 10절까지는 하나님의 은혜에 대하여, 그리고 11절부터 13절까지는 주님의 나라의 영광에 대하여 찬양한 내용입니다. 주님의 나라의 영광을 찬양하는 사람이야말로 늘 하늘나라를 사모하며 소망 가운데 사는 사람입니다. 14절에서는 하나님의 붙드시고 일으키심에 대하여 찬양하였습니다. 우리가 실패할 때 일으키시고 넘어지지 않도록 붙들어 주시는 하나님을 찬양한 것입니다.

15, 16절에서는 하나님께서 우리의 필요를 따라 공급해 주시는 자원이 되심을 찬양하였습니다.

17절은 의와 은혜의 행사를 찬양한 것인데, "여호와께서는 그 모든 행위에 의로우시며 그 모든 행사에 은혜로우시다" 한 이 내용은 우리가 좀 더 깊이 묵상해 볼 필요가 있습니다. 사람으로서는 의와 은혜의 균형을 맞추기가 아주 어려운 것을 봅니다. 의라고 하는 것은 진리에 해당하는 것입니다. 옳고 그른 것을 분명히 가려 올바른 길로 나아가는 것이 곧 의로운 삶입니다. 이 의와 반대되는 것은 곧 불의이며 죄입니다. 하나님은 의로우신 하나님이시기 때문에 죄인이 그 앞에 나아갈 수가 없습니다. 죄에 대하여는 엄한 심판과 그에 따른 형벌이 있습니다. 그러나 하나님은 의의 수준으로만 우리를 다스리시는 것이 아니라 은혜로써 우리를 다스리십니다. 그러므로 우리가 죄를 범했을 때에는 의로우신 하나님 앞에 나아갈 수 없지만 하나님의 은혜를 인하여 나아갈 수가 있는 것입니다. 이것은 하나님께서 우리에게 주신 특권입니다.

그렇지만 의는 없고 은혜만 있으면 하나님의 행사가 불의하다고 비판을 받을 수도 있습니다. 왜냐하면 불의한 것도 하나님께서 그저 눈감아 주시는 셈이 되어 버리기 때문입니다. 그러나 하나님께서는 완전한 의와 완전한 은혜 가운데서 우리를 인도하십니다. "긍휼과 진리가 같이 만나고 의와 화평이 서로 입 맞추었으며"(시편 85:10)라고 한 말씀처럼 십자가에서의 예수님의 죽으심은 바로 하나님의 완전한 의와 완전한 은혜가 서로 만난 사건입니다. 즉 십자가는 하나님의 의의 요구에 따른 마땅한 희생이었으며-"죄의 삯은 사망이요…"(로마서 6:23상), 또한 인간의 모든 죄를 용서하시고자 하는 하나님의 은혜의 요구로 인하여 나타난 예수님의 대속의 사건이었기 때문입니다-"하나님의 은사는 그리스도 예수 우리 주 안에 있는 영생이니라"(로마서 6:23하). 그러므로 십자가는 이 두 가지 요구를 한꺼번에 만족시킬 수 있는 유일한 해결책이었습니다. 이처럼 우리의 죄 문제를 완벽하게 해결해 주신 하나님의 의와 은혜를 생각할 때에 우리는 찬양하지 않을 수 없습니다.

18절에서는 하나님의 가까이하심을 찬양하고 있습니다. 외로운 것을 노래하는 많은 사람들이 있습니다. 외로움에 대하여 책을 쓰고 시를 지으며 그림도 그리고 노래도 부릅니다. 외로운 사람은 누군가가 자기에게 가까이 와서 그 외로움을 달래 주기를 바라지만 사람들은 이기적이기 때문에 가까이해서 별로 유익될 것이 없다고 생각되면 가까이하지 않습니다. 그러나 하나님은 하나님 자신에게 유익될 것이 없어도 우리를 가까이해 주십니다. 죄 가운데 두려움 없이 머물러 있으며 하나님의 원수같이 행하는 사람들, 속에 간사가 가득하고 입은 열린 무덤 같은 형편없는 인간들에게 하나님께서 가까이하셔서 무슨 득이 있겠습니까? 그럼에도 불구하고 하나님께서는 우리들에게 가까이하십니다. 자격 없는 우리에게 은혜를 베푸시며 우리를 변화시켜 주십니다. 그러므로 우리를 가까이하시는 하나님의 은혜를 찬양하지 않을 수 없습니다.

19절부터 20절은 구원과 보호에 대하여 하나님을 찬양한 내용입니다. 또 21절은 하나님의 거룩하신 이름을 찬양하고 있습니다. 결국 시편 145편은 여호와 하나님의 이름을 찬양함으로 시작하여 마지막도 그의 이름을 찬양함으로 마치고 있음을 알 수 있습니다. 우리는 이러한 찬양의 시편을 통하여 참으로 하나님을 찬양할 내용이 많다는 것을 배우게 됩니다. 이 모든 찬양의 내용들은 단지 외어서 찬양을 드리는 것이 아니라 실제로 우리 자신들의 삶에 일어난 일들이고 경험된 일들이기에 찬양하는 것입니다. 하나님의 이름, 하나님의 크심, 하나님의 능력, 그의 의와 은혜, 그 구원과 보호, 붙들어 주심과 일으키심, 그리고 하나님의 나라의 영광 등등 이 모든 것은 우리 각 사람 안에서 그리스도로 말미암아 일어난 일들이기 때문에 하나님을 찬양해야 하는 것입니다. 우리는 하나님의 말씀을 통하여 더욱 많은 찬양의 제목들을 발견해 가며 또한 우리의 실제 삶에서 경험해 가야 합니다.

하나님께서는 또한 감사를 제사로 받으십니다. "감사로 제사를 드리는 자가 나를 영화롭게 하나니 그 행위를 옳게 하는 자에게 내가 하나님의 구원을 보이리라"(시편 50:23). 하나님께서 우리에게 은혜로 베풀어 주신 일들에 대하여 감사를 드리는 것이 하나님을 영화롭게 한다고 하였습니다. 감사하는 것은 우리를 향한 하나님의 뜻이며 명령이기도 합니다. "범사에 감사하라. 이는 그리스도 예수 안에서 너희를 향하신 하나님의 뜻이니라"(데살로니가전서 5:18). 하나님께서는 실로 우리가 모든 일에 감사할 것을 명령하고 계십니다. 하나님께서 이렇게 명령하신 것을 보면 이미 우리에게 감사해야 할 사실들이 많이 있는 것이 분명합니다. 우리가 미처 발견하지 못하거나 그 가치를 제대로 알지 못하기 때문에 감사하지 못하는 것뿐입니다. 그러므로 우리 각자의 삶에서 감사의 제목들을 적극적으로 찾아보도록 해야 합니다. "아무것도 염려하지 말고 오직 모든 일에 기도와 간구로 너희 구할 것을 감사함으로 하나님께 아뢰라"(빌립보서 4:6)는 말씀과 같이 감사의 태도로 하나님께 나아가야 합니다.

그러면 찬양과 감사는 어떤 차이가 있습니까? 찬양은 하나님의 본체, 그 속성 자체를 드러내고 높이고 기리는 것입니다. 우리는 아름다운 산을 보면 "야, 기가 막히다!" 하고 감탄을 하는데, 이것은 산에 대한 일종의 찬양에 해당하는 것입니다. 그런데 그 산 속에 실제로 들어가 보면 우리는 산의 아름다움이나 위용 등에 대하여 마음에 감동을 받을 뿐만 아니라 그 산이 우리에게 주는 어떤 혜택을 누리게 됩니다. 산 속에는 서늘한 그늘도 있고 졸졸 흐르는 계곡 물도 있고 깨끗한 물이 퐁퐁 솟는 옹달샘, 온갖 꽃과 열매 등이 있어 우리는 거기서 쉼을 얻으며 거기 있는 물과 그늘과 꽃과 열매 등을 누릴 수가 있습니다. 우리는 그 누리는 것에 대하여 고마워하게 되는데 이것은 감사에 해당하는 것입니다. 이와 같이 찬양은 하나님의 어떠하심에 대하여, 곧 하나님 자신에 대하여 기리는 것이고 감사는 구체적으로 하나님께서 나를 위하여 베풀어 주신 것들에 대하여 하는 것입니다. 이에 대하여는 뒤에서 더 구체적으로 알아보도록 하겠습니다.

하지만 우리의 기도에서 이 찬양과 감사가 굳이 구별되어야 할 필요가 없는 경우도 있습니다. 아무튼 찬양이나 감사는 모두 우리 마음의 초점을 하나님께로 고정하는 것입니다. 우리는 기도로 하나님께 나아갈 때 우리 마음의 첫째 관심을 우리 자신이나 다른 사람 혹은 세상의 어떤 일이 아니라 오직 하나님 그분 자신에게 기울여야 하는데, 찬양과 감사가 곧 우리 마음을 하나님께 고정하게 해주고 하나님을 우리 마음의 첫자리에 모시게 해줍니다. 하나님은 이러한 찬양과 감사의 제사를 기쁘게 흠향하시며 이로 말미암아 영광을 받으시는 것입니다.

V 기도의 우선순위

앞에서 우리는 기도야말로 자기를 신뢰치 않고 하나님을 의뢰하는 삶의 가장 대표적인 모습인 것을 살펴보았습니다. 예수님께서도 이 세상에 계실 때에 친히 기도 생활에 우선순위를 두시고 다른 어떤 활동보다도 중요하게 여기신 모범을 보여 주셨습니다. 우선 누가복음 5:15-16 말씀을 살펴보겠습니다.

> 예수의 소문이 더욱 퍼지매, 허다한 무리가 말씀도 듣고 자기 병도 나음을 얻고자 하여 모여 오되, 예수는 물러가사 한적한 곳에서 기도하시니라.

적어도 겉으로 보기에는 이때야말로 전도를 위한 아주 좋은 기회였다고 할 수 있습니다. 이때 모인 무리 가운데에는 예수님의 말씀을 듣고자 하는 사람들이 많이 있었던 것입니다. 우리에게도 이러한 기회가 주어져 많은 사람이 우리에게 와서 말씀을 듣고자 한다면 어떻게 하겠습니까? '정말 다시 오기 힘든 좋은 기회로구나' 하고 생각하며 당장 복음에 관한 설교를 하지 않겠습니까? 이런 기회를 놓치지 않고 복음을 전하는 것이 잘못되었다는 것은 물론 아닙니다. 문제는 어떤 관심 가운데서 무엇에 더 우선순위를 두고 행하는가에 있는 것입니다. 주님께서 이때 어떻게 하셨는가는 16절에 나오는 말씀 그대로입니다. 우리의 일반적인 생각과는 반대로 물러가셔서 한적한 곳에서 기도하셨습니다.

수많은 사람들이 그의 말씀을 듣고 각자의 필요를 채움받고자 나아왔는데 어떻게 주님께서는 그들을 만나지도 않고 오히려 한적한 곳으로 가서 거기서 기도하셨을까 의아하게 생각하는 사람이 있을지도 모르겠습니다. 그러나 주님은 당장에 나가서 그들에게 전도하는 것보다 먼저 아버지 하나님과 교제하며 그들을 위하여 기도하는 것이 더 놀라운 결과를 얻을 수 있다고 확신하셨기 때문에 기도 시간에 더 우선순위를 두실 수가 있었던 것입니다.

예수님께서는 이때만 아니라 다른 여러 경우에도

기도에 우선순위를 두는 삶의 본을 보여 주셨습니다. 열두 제자를 택하여 세우시기에 앞서서도 예수님은 밤이 맞도록 기도하셨습니다(누가복음 6:12-13 참조). 요한복음 17장은 예수님께서 온 인류의 죄를 대속하시려고 십자가에 못 박혀 죽으시기 전에 기도하신 내용입니다. 또한 예수님께서 겟세마네 동산에서 기도하실 때에는 그 흘리신 땀이 땅에 떨어지는 핏방울같이 될 정도로 힘쓰고 애써 더욱 간절히 기도하셨습니다(누가복음 22:44). 주님께서는 이런 중요한 일이 있을 때만이 아니라 일상생활 가운데서도 하루 삶을 기도로 시작하셨습니다. "새벽 오히려 미명에 예수께서 일어나 나가 한적한 곳으로 가사 거기서 기도하시더니"(마가복음 1:35).

사도행전에 나오는 초대 교회 그리스도인들의 삶도 기도에 우선순위를 둔 것을 보게 됩니다. "저희가 사도의 가르침을 받아 서로 교제하며 떡을 떼며 기도하기를 전혀 힘쓰니라"(사도행전 2:42). 그들은 수많은 활동에 바쁘기보다는 말씀을 공부하고 사도들의 가르침을 듣고 배우는 일, 성도들과 서로 사랑의 교제를 나누는 일, 또 떡을 떼면서 주님의 몸이 자신들의 죄를 위하여 부서졌다는 사실을 기억하고 주님을 예배하는 일, 그리고 또한 기도하는 일에 전혀 힘썼던 것을 보게 됩니다. 그들은 기도 가운데서 섬기며 거기서 쉼을 얻고 힘을 얻었던 것입니다. 그들이 이러한 삶을 살 때 하나님께서는 그들을 통하여 날마다 구원받는 사람을 더하게 하셨습니다(사도행전 2:46-47 참조).

그런데 오늘날 우리는 불행히도 너무나 바쁜 시대에 살고 있습니다. 그리하여 짧은 시간에 많은 일을 처리하는 것은 이 시대의 가장 큰 미덕의 하나처럼 생각되기도 합니다. 같은 종류의 기계라도 '초고속' 혹은 '쾌속' 등의 수식어가 붙으면 더 매력적으로 보입니다. 더 빨리 여행하고, 더 빨리 계산하고, 더 빨리 보내고, 더 빨리 읽고 쓰고, 더 빨리 자라게 하는 방법들에 대하여 계속 연구하고 그런 장치들을 만들어 내는 것이 오늘날 산업의 주종을 이루고 있습니다.

그런데 문제는 이처럼 바쁜 세대 가운데 살면서 세상적인 일만 그렇게 바삐 하는 것이 아니라 영적인 일까지도 그런 식으로 하려는 사람들이 생기게 된 것입니다. 하루 아침에 어떤 신비한 방법으로 위대한 그리스도인이 되었으면 하고 기대하는 사람들이 있습니다. 어느 날 산에 올라가 큰 소리로 외치며 금식 기도하고 나면 혹시 갑자기 이 세상에서 가장 위대한 하나님의 일꾼이 되지는 않을까 하고 생각하는 사람도 있습니다. 그러나 하나님은 그런 방법으로 일꾼을 키우시지 않습니다. 성장에는 일정한 과정이 있고 시간이 필요한 것입니다. 하나님께 기도할 때도 참 바빠 기도하고 끝내는 것을 보게 됩니다. 마치 아침에 일어나서 "하나님, 안녕!" 하고 인사하고는 하루 종일 바빠 분주한 마음으로 움직이다가 자기 전에 겨우 "하나님, 안녕!" 하고 인사 한마디 하는 정도로 주님과의 교제 시간을 갖는 경우도 있습니다. 물론 급한 상황에서 참으로 '쏜살같이' 기도해야 할 필요가 있을 때도 있지만, 우리의 전반적인 삶에서 이렇게 하나님을 바쁘게 찾고 바쁘게 만났다가 바쁘게 사라지는 것을 하나님께서는 싫어하십니다.

우리는 누가복음 10장에서 주님께서 우리에게 원하시는 것이 무엇인지를 분명히 발견하게 됩니다. 준비하는 일이 많아 마음이 분주한 마르다에게 주님께서는 이렇게 말씀하셨습니다. "마르다야, 마르다야, 네가 많은 일로 염려하고 근심하나, 그러나 몇 가지만 하든지 혹 한 가지만이라도 족하니라. 마리아는 이 좋은 편을 택하였으니 빼앗기지 아니하리라" (누가복음 10:41-42). 마리아가 택한 '이 좋은 편'이란 바로 주님 앞에 나아가 주님의 말씀을 들으며 주님 앞에 머물러 있는 것이었습니다. 이와 같이 우리도 많은 분주한 일에 바쁘기에 앞서서 먼저 주님께 기도하고 그의 말씀을 듣는 데에 우선순위를 두어야 하는 것입니다.

VI 기도의 내용

무엇을 위하여 기도할 것인가? 어떤 사람은 기도할 것이 별로 없다고 말하기도 합니다. 우리 집 아이들이 어렸을 때에 기도하라고 시켜 보면 기도할 것이 별로 없다고 아주 짧게 기도하고 끝내는 것을 보았습니다. 그러나 점점 세월이 흘러가면서 그들의 기도 내용이 점점 다양해지고 또한 길어지는 것을 보게 되었습니다. 이들의 기도가 길어진 것은 같은 말을 반복하며 중언부언해서 길어진 것은 물론 아닙니다. 자라면서 영적 관심이 커진 만큼 그들의 기도할 내용이 풍성해졌기 때문인 것입니다.

1. 기도의 손

기도의 내용은 실로 다양합니다. 하지만 기본적으로 찬양, 감사, 자백, 중보, 간구 등 다섯 가지로 나누어 생각해 볼 수 있습니다. '기도의 손' 예화는 이 다섯 가지 기도의 내용을 우리의 손을 통하여 일목요연하게 이해하고 기억하는 데에 매우 도움이 됩니다.

첫째, 엄지손가락은 찬양을 나타냅니다.

앞에서 살펴본 바와 같이 찬양은 우리가 하나님 앞에 나아갈 때에 기본적으로 가져야 할 마음의 태도이기도 합니다. 아름다운 경치를 보면 저절로 우리 입에서 탄성이 터져 나오듯이 우리가 하나님을 알아 가면 알아 갈수록 하나님의 위대하심과 능력과 지혜와 그 크신 사랑과 아름다우심 등 하나님의 모든 뛰어나신 속성들에 대하여도 찬양이 넘쳐나게 될 것입니다. 한마디로 찬양은 우리 '엄지손가락'을 치켜들고 "하나님, 최고야!" 하고 크게 외치는 것입니다. 찬양은 우리 마음의 초점을 자기 자신이나 다른 사람 혹은 다른 세상일로부터 돌이켜 하나님께로 고정하는 것입니다. 하나님을 찬양하는 기도를 할 때 우리 마음의 중심은 하나님께로 향하게 되는 것입니다. 이렇게 우리 마음이 순전히 하나님께로 고정될 때 하나님께서는 그러한 우리 마음의 찬양을 기쁘게 흠향하시고 받아 주시는 것입니다. 역

대상 29:11-13에서 다윗은 이렇게 하나님을 찬양하였습니다.

> 여호와여, 광대하심과 권능과 영광과 이김과 위엄이 다 주께 속하였사오니 천지에 있는 것이 다 주의 것이로소이다. 여호와여, 주권도 주께 속하였사오니 주는 높으사 만유의 머리심이니이다. 부와 귀가 주께로 말미암고 또 주는 만유의 주재가 되사 손에 권세와 능력이 있사오니 모든 자를 크게 하심과 강하게 하심이 주의 손에 있나이다. 우리 하나님이여, 이제 우리가 주께 감사하오며 주의 영화로운 이름을 찬양하나이다.

기도의 손의 두 번째 손가락은 감사입니다.

감사는 하나님께서 우리에게 베풀어 주신 것들에 대하여 고마워하는 마음을 나타내는 것입니다. "감사로 제사를 드리는 자가 나를 영화롭게 하나니…" 하신 시편 50:23의 말씀처럼 감사는 주님을 영화롭게 합니다. 이것은 사람 사이에서도 마찬가지인 것을 봅니다. 부모로서 자녀들을 통하여 얻는 큰 기쁨 중의 하나는 그들로부터 감사의 말을 듣는 것입니다. 큰일이든 사소한 일이든 부모가 사랑으로 베풀어 준 일들에 대하여 자녀가 "감사합니다"라고 말할 때 그 부모는 흐뭇한 기쁨과 영광을 얻게 되는 것입니다.

하나님께서는 이미 우리가 아는 사이 모르는 사이에 우리에게 엄청나게 큰 사랑과 은혜를 베풀어 주셨습니다. 예수님께서 죄인 된 우리를 대신하여 십자가의 고통을 담당하시고 우리에게 영원한 생명을 주신 것, 우리를 하나님의 자녀로 삼아 주신 것, 우리에게 하늘나라의 시민권을 주신 것 등등에 대하여 우리가 아무리 감사하여도 오히려 부족할 따름입니다. 날마다 일용할 양식을 공급해 주시는 것, 호흡할 공기를 주신 것, 성경 말씀을 주셔서 그것으로 영의 양식을 삼고 진리를 따라 살게 하신 것, 건강을 주시는 것 등등 우리가 일반적으로 감사해야 할 것들만 해도 이루 헤아릴 수 없이 많습니다.

게다가 우리 각자가 하나님께 기도하여 응답받은 것들에 대하여, 혹은 각 사람이 특별하게 받은 은혜들에 대하여 헤아려 보고 감사해야 합니다. 또한 우리는 하나님께서 우리에게 허락하시는 모든 고난들에 대하여도 감사해야 합니다. 이것은 "우리가 알거니와 하나님을 사랑하는 자 곧 그 뜻대로 부르심을 입은 자들에게는 모든 것이 합력하여 선을 이루느니라"(로마서 8:28) 한 말씀처럼 하나님께서는 이 모든 것을 합하여 우리에게 결국 가장 선한 것으로 갚아 주시기 때문입니다. 그러므로 크고 작은 모든 것에 감사의 제목들을 구체적으로 적고 감사하는 삶을 개발하도록 해야 합니다. 감사는 하나님을 기쁘시게 할 뿐만 아니라 자신의 삶을 풍성하게 하는 것입니다.

세 번째 기도의 손가락은 자백입니다.

> 내가 이르기를, '내 허물을 여호와께 자복하리라' 하고 주께 내 죄를 아뢰고 내 죄악을 숨기지 아니하였더니 곧 주께서 내 죄의 악을 사하셨나이다. (시편 32:5)

하나님 앞에서 조용히 우리 자신의 삶을 돌이켜 보면 우리는 크든 작든 여러 모양으로 죄를 짓는 것을 시인할 수밖에 없습니다. 때로는 자기가 지은 죄를 깨닫지도 못할 때가 있습니다. 그러므로 우리는 알고 범한 죄를 자백하여 하나님의 용서를 구할 뿐만 아니라, 자기도 미처 깨닫지 못하는 어떤 숨은 죄악이 자기를 얽매지 못하도록 이를 위하여도 기도해야 합니다. "자기 허물을 능히 깨달을 자 누구리요. 나를 숨은 허물에서 벗어나게 하소서!"(시편 19:12).

알고 지은 죄든 모르고 지은 죄든 우리의 죄는 수도관 속에 끼는 녹과도 같습니다. 얼마 전에 우리 집의 수도관을 교체한 적이 있었습니다. 수돗물이 답답할 정도로 약하게 나오기에 우리는 처음에는 그저 수압이 약해져서 그런 줄로만 생각했었습니다. 그러나 다른 이웃집들의 수도는 그렇지 않다는 것을 알고 난 뒤 수도관에 문제가 있는 줄로 생각하고 교체하기로 하였습니다. 땅을 파헤치고 그 수도관을 빼내 보니 관 안쪽으로 녹이 꽉 끼어 관이 거의 막힐 지경이 되어 있었습니다. 그래서 아무리 힘있게 수원지에서 물을 밀어 보내도 관 자체가 막혀 있어 물이 제대로 통과할 수가 없었던 것입니다. 이와 마찬가지로 하나님께서 아무리 우리에게 헤아릴 수 없이 큰 축복들을 보내 주시고자 하여도 죄라고 하는 찌꺼기가 우리와 하나님 사이의 통로를 막고 있을 때에는 우리는 그 축복들을 받을 수 없게 되는 것입니다.

죄의 찌꺼기가 우리의 삶에 끼지 못하게 하려면 우리는 죄를 발견하는 즉시 하나님께 자백하고 떨어 버려야 합니다. 그러면 하나님께서는 즉시 우리 죄를 용서해 주시고 우리를 다시 깨끗케 하여 주십니다. "만일 우리가 우리 죄를 자백하면 저는 미쁘시고 의로우사 우리 죄를 사하시며 모든 불의에서 우리를 깨끗케 하실 것이요"(요한일서 1:9). 죄가 우리 삶에 끼지 못하게 하려면 우리는 기본적으로 죄를 미워해야 합니다. 단지 나쁘게 여기거나 싫어하는 정도가 아니라 미워해야 합니다. 죄악 된 것을 눈앞에 두기조차 싫어해야 합니다. 그렇게 하지 않으면 죄는 어느 사이엔가 슬며시 다가와 달라붙게 됩니다. 그리고 일단 달라붙으면 시간이 흐를수록 떨어내기가 어렵습니다. 그러므로 자백하고 버리는 일에 지체치 말아야 합니다. 우리는 각자가 하나님 앞에서 다음과 같은 결심을 해야 합니다.

> 나는 비루한 것을 내 눈앞에 두지 아니할 것이요, 배도자들의 행위를 미워하니, 이것이 내게 붙접지 아니하리이다. (시편 101:3)

네 번째 기도의 손가락은 중보입니다.

나는 너희를 위하여 기도하기를 쉬는 죄를 여호와 앞에

결단코 범치 아니하고, 선하고 의로운 도로 너희를 가르칠 것인즉. (사무엘상 12:23)

옛적 이스라엘의 영적 지도자 사무엘은 이와 같이 자신이 백성들을 위하여 기도하기를 쉬는 것을 죄로 여길 정도로 다른 사람들을 위하여 기도하는 데에 헌신되어 있었습니다.

중보 기도의 중요성은 우리의 매일의 삶이 사탄과의 영적인 전쟁인 것을 기억할 때 더욱 실감나게 깨닫게 됩니다. 출애굽기 17장에 보면 여호수아가 아말렉의 군대와 전투를 할 때 모세는 근처 산꼭대기에 올라가 그 싸움터를 내려다보고 기도하였습니다. 모세가 손을 높이 들고 하나님께 기도할 때는 여호수아가 이겼는데, 나중에 팔에 힘이 빠져 기도하는 손이 내려올 때는 여호수아가 지기 시작했습니다. 그러나 아론과 훌이 모세의 손을 붙들어 올리자 여호수아는 다시 이기기 시작하여 마침내 적을 진멸하고 싸움에서 승리할 수 있었습니다. 모세의 높이 든 두 손은 여호수아가 승리하기까지 해가 지도록 내려오지 않았다고 기록되어 있습니다. 그만큼 중보 기도는 힘들고 어려운 것입니다. 중보기도는 쉽고 편하고 시간이 많아서 하는 것이 아닙니다. 우리도 매일 영적인 싸움터에서 전투하고 있는 주님의 일꾼들과 주위의 형제 자매들을 위하여 참으로 힘쓰고 애써 기도해야 합니다.

   구체적으로 우리가 중보의 기도를 해주어야 할 대상은 누구입니까? 우리는 동료 그리스도인들을 위하여 기도해야 합니다. "모든 기도와 간구로 하되 무시로 성령 안에서 기도하고 이를 위하여 깨어 구하기를 항상 힘쓰며 여러 성도를 위하여 구하고"(에베소서 6:18). 또한 주님의 일꾼들을 위하여 기도해야 합니다. 그들의 복음의 사역과 보호를 위하여 기도해야 합니다. "또한 우리를 위하여 기도하되, 하나님이 전도할 문을 우리에게 열어 주사 그리스도의 비밀을 말하게 하시기를 구하라. 내가 이것을 인하여 매임을 당하였노라. 그리하면 내가 마땅히 할 말로써 이 비밀을 나타내리라"(골로새서 4:3-4). "종말로 형제들아, 너희는 우리를 위하여 기도하기를, 주의 말씀이 너희 가운데서와 같이 달음질하여 영광스럽게 되고 또한 우리를 무리하고 악한 사람들에게서 건지옵소서 하라. 믿음은 모든 사람의 것이 아님이라"(데살로니가후서 3:1-2).

이뿐 아니라 일꾼을 보내 주시도록 기도해야 합니다. "이에 제자들에게 이르시되, '추수할 것은 많되 일꾼은 적으니, 그러므로 추수하는 주인에게 청하여 추수할 일꾼들을 보내어 주소서 하라' 하시니라"(마태복음 9:37-38). 이것은 예수님의 명령입니다. 우리는 힌두교나 이슬람교 혹은 불교 국가들과 그 밖에 복음이 들어가 있지 않은 많은 나라들을 위하여 일꾼들을 보내어 달라고 열심히 기도해야 합니다. 우리는 또한 모든 믿지 않는 사람들을 위하여도 기도해야 합니다. "그러므로 내가 첫째로 권하노니 모든 사람을 위하여 간구와 기도와 도고와 감사를 하되… 하나님은 모든 사람이 구원을 받으며 진리를 아는 데 이르기를 원하시느니라"(디모데전서 2:1,4). 그리고 정부의 지도자들을 위하여도 기도해야 합니다. "임금들과 높은 지위에 있는 모든 사람을 위하여 하라. 이는 우리가 모든 경건과 단정한 중에 고요하고 평안한 생활을 하려 함이니라"(디모데전서 2:2). 그리고 우리의 원수, 우리 삶을 괴롭히는 자를 위하여도 기도해야 합니다. "나는 너희에게 이르노니 너희 원수를 사랑하며 너희를 핍박하는 자를 위하여 기도하라"(마태복음 5:44).

다섯 번째 기도의 손가락은 **간구**입니다.

간구는 자기의 필요를 위하여 기도하는 것입니다. "아무것도 염려하지 말고 오직 모든 일에 기도와 간구로 너희 구할 것을 감사함으로 하나님께 아뢰라. 그리하면 모든 지각에 뛰어난 하나님의 평강이 그리스도 예수 안에서 너희 마음과 생각을 지키시리라"(빌립보서 4:6-7). 우리는 매일매일의 삶 가운데서 우리 각자에게 시시로 여러 가지 필요들이 있는 것을 발견하곤 합니다. 아주 기초적인 의식주에 관련된 필요들에서부터 감정적인 필요 혹은 영적인 필요들에 이르기까지 아주 다양한 필요들이 우리에게 있습니다. 어떤 때는 이런 필요들로 말미암아 실망에 빠지기도 하며 어떤 때는 두려움에 빠지기까지 합니다. 그러나 주님께서는 우리의 필요가 무엇이든지 간에 아무 염려하지 말고 그것을 하나님께 아뢰라고 말씀하십니다. 기도할 때 하나님의 놀라운 평강을 경험하게 되고 또한 하나님께서 신실하게 우리의 기도에 응답하여 주심을 경험하게 됩니다.

우리는 절박한 필요들이 있어 그것을 위하여 하나님께 간구하기도 하지만 어떤 때는 우리 자신에게 무엇이 필요한지를 미처 깨닫지 못하고 있기 때문에 기도하지 않는 때도 있습니다. 우리 자신들을 위하여 기도할 내용들이 참 많지만 몇 가지 대표적인 것들을 살펴보겠습니다. 먼저 우리는 영적인 깨달음과 성장을 위하여 기도해야 합니다. "주의 손이 나를 만들고 세우셨사오니 나로 깨닫게 하사 주의 계명을 배우게 하소서"(시편 119:73)라고 시편 기자는 기도하였습니다. 골로새서 1:9과 에베소서 1:17-20의 내용도 바로 이것을 위하여 기도한 내용입니다. 그리고 거룩한 삶, 경건한 삶을 위하여 기도해야 합니다(데살로니가전서 4:7-8, 디모데전서 4:7-8 참조). 거룩하고 경건한 삶은 나약하거나 슬프고 또는 힘들고 손해만 보는 것이 아니라 범사에 유익하고 능력이 있습니다.

이뿐 아니라 우리의 감정적인 필요, 육체적인 필요 및 정신적인 필요 등 크고 작은 모든 필요들을 위하여 하나님께 기도해야 합니다(빌립보서 4:6 참조). 하나님과 마음을 나누는 기도를 하십시오(시편 139:23-24 참조). 메마르고 각박한 세상에서 어떤 종류의 갈등이나 고민이나 부끄러움이라도 함께 나눌 수 있는 대상이 있다면 얼마나 좋겠습니까? 그런데 바로 하나님께서 우리의 마음에 있는 모든 문제들을 들어 주십니다. 우리는 또한 하나님의 인도하심을 위하여 구해야 합니다(시편 143:8 참조). 참된 용기는 이렇게 하나님의 인도하심을 구하는 가운데 자기 삶을 하나님께 맡길 때 생기는 것입니다. 그리고 악하고 교활한 세상에서 우리는 지혜를 위하여 기도해야 합니다. 하나님께서는 모든 사람에게 후히 주시고 꾸짖지 아니하신다고 약속하셨습니다(야고보서 1:5). 또 담대함을 위하여도 기도해야 합니다. 사람들과의 관계에서 담대하고 특별히 어려운 상황 가운데서 복음 전할 때 담대함을 주시도록 기도해야 합니다(사도행전 4:29 참조).

이러한 기도의 내용들을 죽 살펴보게 될 때 우리에게는 참으로 기도해야 할 것이 너무도 많다는 것을 알게 될 것이며 오히려 기도할 시간이 부족한 것을 알게 될 것입니다.

2. 큰 것을 구하라

우리나라의 옛날이야기에 나오는 도깨비 방망이 이야기를 기억하십니까? 만일 우리에게 실제로 그러한 방망이가 있어서 우리가 원하는 것을 달라고 외치며 방망이를 '뚝딱' 하고 내리치면 구하는 대로 다

나온다고 한다면 우리는 과연 무엇을 위하여 그것을 쓰겠습니까? "금 나와라, 뚝딱!" 하겠습니까? 아니면 "감기 나아라, 뚝딱!" 하고 외치겠습니까? 또는 모든 소원을 다 들어주는 알라딘의 램프와 같은 것이 있다면 과연 우리는 무슨 소원을 이루어 달라고 구하겠습니까? 아마도 사탕 하나, 땅콩 한 줌을 위하여 도깨비 방망이를 내리치고 알라딘의 램프를 문지르지는 않을 것입니다. 이보다 큰 것, 더 귀한 것을 구하면서 수없이 방망이를 내리칠 것입니다.

그런데 우리의 기도에 크고 비밀한 것으로 응답해 주신다고 약속하신 하나님(예레미야 33:2-3) 앞에서 큰 것을 위하여 기도하지 않는 이유는 무엇입니까? 큰 것에 대한 관심이 없거나 응답에 대한 확신이 없다는 것 외에는 다른 이유가 없습니다. 요한복음 14:13 말씀의 약속을 확신해야 합니다. "너희가 내 이름으로 무엇을 구하든지 내가 시행하리니, 이는 아버지로 하여금 아들을 인하여 영광을 얻으시게 하려 함이라." 하나님께서 우리의 기도에 응답해 주시는 것은 하나님 자신이 이를 인하여 영광을 받으시기 위함이라고 하셨습니다. 요한복음 15:7 말씀에서도 "너희가 내 안에 거하고 내 말이 너희 안에 거하면 무엇이든지 원하는 대로 구하라. 그리하면 이루리라"고 약속하셨습니다. 무엇이든지 원하는 대로 다 들어주시겠다고 약속하신 것입니다. 이 사실을 믿을 때 우리는 기도하게 되고 더욱이 큰 것을 구하게 되는 것입니다.

그러면 우리는 현재 과연 무엇을 위하여 기도하고 있습니까? 여러분의 기도 노트에 있는 가장 큰 것은 무엇입니까? 지금 구하고 싶은 큰 기도 제목은 어떤 것입니까? 크신 하나님께 우리는 큰 것을 구해야 합니다. 사실 하나님께서 무시해 버리실 만큼 사소한 기도 제목도 없지만 하나님께서 감당 못하실 만큼 큰 기도 제목도 없습니다. 그러면 성경에 나타나 있는 큰 기도들을 살펴보며 우리의 기도의 삶을 위한 교훈들을 발견하도록 해보겠습니다.

역대하 1:10에 나오는 솔로몬의 기도는 참으로 큰 기도였습니다. 하나님께서 솔로몬에게 나타나셔서, "내가 네게 무엇을 줄꼬? 너는 구하라"(역대하 1:7)고 하셨을 때, 그는 자기만을 위한 사소한 것을 구하지 않고 수많은 백성들을 올바르게 다스리고 이끌어 갈 수 있는 지혜와 지식을 달라고 기도하였습니다. "솔로몬이 하나님께 여짜오되, '주께서 전에 큰 은혜를 나의 아비 다윗에게 베푸시고 나로 대신하여 왕이 되게 하셨사오니, 여호와 하나님이여, 원컨대 주는 내 아비 다윗에게 허하신 것을 이제 굳게 하옵소서. 주께서 나로 땅의 티끌같이 많은 백성의 왕을 삼으셨사오니, 주는 이제 내게 지혜와 지식을 주사 이 백성 앞에서 출입하게 하옵소서. 이렇게 많은 주의 백성을 누가 능히 재판하리이까?'"(역대하 1:8-10). 이러한 솔로몬의 기도에 대하여 하나님께서는 어떻게 응답하셨습니까? 11절에 그 응답의 내용이 나옵니다. "하나님이 솔로몬에게 이르시되, '이런 마음이 네게 있어서 부나 재물이나 존영이나 원수의 생명 멸하기를 구하지 아니하며 장수도 구하지 아니하고 오직 내가 너로 치리하게 한 내 백성을 재판하기 위하여 지혜와 지식을 구하였으니, 그러므로 내가 네게 지혜와 지식을 주고 부와 재물과 존영도 주리니 너의 전의 왕들이 이 같음이 없었거니와 너의 후에도 이 같음이 없으리라'"(11-12절). 하나님께서 솔로몬에게 무엇을 원하는지 물으실 때 솔로몬이 즉각적으로 큰 것을 구할 수 있었던 것은 평소 그의 마음의 깊은 관심이 바로 큰 것에 모아져 있었기 때문입니다. 큰 것에 관심이 있는 사람이 큰 것을 주시도록 기도하기 마련입니다.

　모세는 출애굽기 33:13에서 이렇게 기도하였습니다. "내가 참으로 주의 목전에 은총을 입었사오면, 원컨대 주의 길을 내게 보이사 내게 주를 알리시고…." 모세는 주님을 좀 더 깊이 알 수 있게 해달라고 기도하였습니다. 우리는 사실 무엇이든지 알고자 하는 관심이 많이 있습니다. 남보다 좀 더 알고 좀 더 깨닫기를 원하지만 다른 무엇보다도 중요한 것은 하나님을 아는 것입니다. 모세처럼 위대한 영적 지도자가 하나님에 대하여 또 무엇을 더 알려고 그럴까 하고 생각하는 사람이 있을지도 모르지만, 모세 자신은 크신 하나님의 지극히 작은 일부만 알고 있다는 것을 스스로 알고 있었기 때문에 하나님을 더 잘 알게 해달라고 기도하였던 것입니다. 그러므로 우리가 구해야 할 큰 기도 제목 중의 하나도 바로 하나님을 좀 더 알게 해달라는 것이 되어야 합니다. 이런 기도를 하는 사람은 경건의 시간(Quiet Time)을 좀 더 충실하게 갖게 될 것이며 말씀에 대한 열망이 더욱 커질 것입니다.

　우리는 이사야 6:8에서 또 하나의 큰 기도를 발견하게 됩니다. "내가 누구를 보내며 누가 우리를 위하여 갈꼬?" 하고 일꾼을 찾으시는 주님의 목소리를 듣고 이사야는 바로 "내가 여기 있나이다. 나를 보내소서!"라고 응답하는 기도를 하였습니다. 이것은 어떤 기도입니까? 세계 선교의 사명을 위해 자신을 드리는 기도입니다. 이것이야말로 참으로 큰 기도입니다. "세계를 위하여 제 자신을 헌신하고자 하오니 저를 써주소서. 저를 보내소서!" 하고 기도하는 사람을 하나님께서는 크게 사용하실 것입니다.

하나님께서는 우리에게 큰 것을 주시겠다고 이미 약속하셨습니다. "내게 구하라. 내가 열방을 유업으로 주리니 네 소유가 땅 끝까지 이르리로다"(시편 2:8). 그런데 왜 열방 즉 온 세상을 유업으로 달라고 기도하지 못하겠습니까? 그것은 하나님이 능히 그 크신 일을 이루어 주실 수 있는 크신 하나님이시라는 것을 진정으로 알지 못하며 믿지 못하기 때문에 그렇습니다. 참으로 우리가 하나님의 약속을 따라 믿음 가운데 구하고 행할 때 크신 하나님께서는 온 세상을 우리의 영적 유업으로 주십니다. 다시 말하면 온 세상 모든 족속들이 복음으로 인하여 우리의 영적 자손이 되어 하나님께로 돌아오게 될 것이며, 이로써 예수님이 부탁하신 지상사명을 성취할 수 있게 되는 것입니다.

이와 같은 세계 선교를 위한 기도와 연관하여 예수님께서 마태복음 9:38에서 말씀하신 대로 영적 추수의 주인이신 하나님께 "추수할 일꾼들을 보내어 주소서" 하고 일꾼을 위하여 기도하는 것은 큰 기도입니다. 누가 이런 기도를 하겠습니까? 지금 일꾼 삼는 일에 드려지고 있는 사람, 일꾼에 대한 관심이 있는 사람, 하나님의 관심으로 이 세상을 바라보고 있는 사람이 바로 이와 같은 큰 기도를 합니다.

큰 기도는 또한 다른 사람들의 영적인 성장을 위하여 하는 기도입니다. 사도 바울은 에베소서 3:14-19에서 에베소 성도들을 위하여 간절히 구하였습니다. 첫째는 그들이 성령의 능력 가운데 살게 되도록 기도했습니다. "이러하므로 내가… 아버지 앞에 무릎을 꿇고 비노니, 그 영광의 풍성을 따라 그의 성령으로 말미암아 너희 속사람을 능력으로 강건하게 하옵시며…"(14-16절). 바울은 그들이 어떤 인간적 능력이나 조직의 힘 따위로 사는 것이 아니라 성령의 능력으로 살게 되도록 기도한 것입니다. 둘째로는 그들의 믿음의 성장을 위하여 기도하였습니다. "믿음으로 말미암아 그리스도께서 너희 마음에 계시게 하옵시고…"(17절). 셋째로는 그들이 그리스도의 사랑 가운데서 성장하길 기도하였습니다. "너희가 사랑 가운데서 뿌리가 박히고 터가 굳어져서 능히 모든 성도와 함께 지식에 넘치는 그리스도의 사랑을 알아 그 넓이와 길이와 높이와 깊이가 어떠함을 깨달아 하나님의 모든 충만하신 것으로 너희에게 충만하게 하시기를 구하노라"(17-19절).

네비게이토의 창시자인 도슨 트로트맨은 하나님이 크신 하나님이신 것을 잘 알고 있었습니다. 그 자신은 한 작은 사람이지만 하나님은 크신 하나님이시며 또한 크신 하나님은 큰일에 관심이 있으시다는 것을 잘 알고 있었기에 그는 큰 것을 구하였습니다. 그는 간식 중에서 특별히 땅콩을 좋아하였다는 말을 들었습니다. 그래서인지는 모르지만 언젠가 그는 그가 전한 한 설교 가운데서 "땅콩을 구하지 말고 대륙을 구하라"고 하였습니다. 우리에게도 각자의 땅콩이 있을 것입니다. 다시 말하면 우리에게도 각자가 즐겨 하는 것, 필요한 작은 것들이 있을 것입니다. 우리는 버릇처럼 그런 것을 구하곤 합니다. 그러나 우리는 큰 것을 구해야 합니다. 한국을 위하여 구해야 하고 아시아를 위하여 구해야 하며 또한 세계를 위하여 구해야 합니다. 이런 기도는 크신 하나님을 믿는 사람이 할 수 있습니다.

  작은 것을 구하면 작은 것을 얻고 큰 것을 구하면 큰 것을 얻게 됩니다. 우리의 말이나 행동만 심는 대로 거두는 것이 아니라 우리의 기도도 심는 대로 거두게 됩니다. 위대한 것을 꿈꾸고 위대한 것을 위하여 기도하는 사람이 위대한 사람이 됩니다. 마태복음 6:25-34의 내용을 읽어 보면 주님께서는 우리가 큰 것을 구하기를 원하시는 것을 알 수 있습니다. 무엇을 먹을까 혹은 무엇을 입을까 하는 문제들로 염려하지 말고 먼저 주님의 나라와 주님의 의를 구하라고 말씀하셨습니다. 물론 이 말씀은 사소한 것들에 대해서는 전혀 이야기조차 꺼내지도 말라거나 기대하지도 말라는 뜻으로 말씀하신 것은 아닙니다. 그런 것들이 우리의 우선적 관심의 대상이 되어서는 안 된다는 뜻입니다. 우리는 아주 사소한 일에서도 기도해야 하지만 우리의 기도에서의 주된 관심은 큰 것에 두어져야 합니다. 솔로몬이 하나님의 뜻에 맞는 큰 것을 구할 때 다른 부차적인 것들까지도 하나님께서는 채워 주셨던 것을 기억해야 합니다. "너희는 먼저 그의 나라와 그의 의를 구하라. 그리하면

이 모든 것을 너희에게 더하시리라"(마태복음 6:33). 이 말씀 속에 있는 주님의 명령과 주님의 약속이 우리 각자의 삶 속에 이루어지도록 해야 합니다.

Ⅷ 응답받는 기도의 조건

어떤 기도를 하나님께서 즐겨 들으시며 기꺼이 응답하여 주십니까?

첫째, 하나님의 뜻대로 구하는 기도.

그를 향하여 우리의 가진바 담대한 것이 이것이니, 그의 뜻대로 무엇을 구하면 들으심이라. 우리가 무엇이든지 구하는 바를 들으시는 줄을 안즉, 우리가 그에게 구한 그것을 얻은 줄을 또한 아느니라. (요한일서 5:14-15)

우리 자신의 뜻대로가 아니라 하나님의 뜻대로 구해야 합니다. 예수님께서도 그렇게 하셨습니다(누가복음 22:42 참조). 사실 우리 각 사람은 이 세상에서 우리 자신의 뜻을 이루기 위해서가 아니라 우리 각자를 통하여 하나님의 뜻을 이루기 위하여 살고 있는 것입니다. 그렇다면 우리가 무엇을 위하여 기도해야겠습니까? 한편 우리 자신의 뜻은 때때로 악한 일을 도모하는 것일 수도 있고 정욕적인 것일 수도 있습니다. 그러나 하나님의 뜻은 언제나 의롭고 우리 각자를 위하여도 선하기 때문에 우리는 하나님의 뜻을 분별하여 그의 뜻대로 구해야 하는 것입니다. 아버지 하나님의 뜻을 어떻게 분별할 수 있습니까? 하나님의 말씀을 잘 알아야 합니다. 말씀 속에는 하나님의 뜻이 낱낱이 기록되어 있기 때문입니다.

둘째, 믿음의 기도.

"너희가 기도할 때에 무엇이든지 믿고 구하는 것은 다 받으리라" 하시니라. (마태복음 21:22)

믿음은 바라는 것들의 실상이며 보지 못하는 것들의 증거라고 하였습니다(히브리서 11:1). 로마의 한 백부장은 그의 놀라운 믿음으로 인하여 주님의 칭찬을 받았으며 그가 구한 바를 즉시 응답받게 되었습니다. 백부장의 사랑하는 한 종이 병들어 죽을 지경이 되었을 때 그는 사람들을 예수님께로 보내어 그 종을 구해 주시길 청했습니다. 그리하여 예수님께서 그의 집을 향하여 가실 때 그는 다시 벗들을 보내어 주님께 청했습니다. "제 수하에도 백 명의 부하가 있어서 이리 하라 하면 이리 하고 저리 하라 하면 저리 하는 것을 봅니다. 주님께서 그냥 가만히 계시며 말씀만 하시면 병든 종이 나을 텐데, 친히 저의 종을 위하여 저희 집까지 오시는 수고를 하시는 것을 제가 감당치 못하겠나이다. 그저 말씀 한 마디만 하사 제 종을 낫게 하소서." 이러한 백부장의 놀라운 믿음에 예수님께서는 이스라엘 백성 중에서도 이만한 믿음을 가진 사람이 없다고 그를 칭찬하시고 그의 병든 종을 치료하사 강건케 하셨습니다(마태복음 8:5-13, 누가복음 7:2-10 참조).

주님께서 기뻐하시는 것은 우리의 믿음입니다. 우리의 믿음의 기도에 주님께서는 감동하시는 것입니다. "믿음이 없이는 기쁘시게 못하나니 하나님께 나아가는 자는 반드시 그가 계신 것과 또한 그가 자기를 찾는 자들에게 상 주시는 이심을 믿어야 할지니라"(히브리서 11:6). 단지 목소리를 크게 하여 부르짖는다든가 유식하고 아름다운 단어들로 장식된 기도를 한다든가 또는 이상한 소리나 알아듣지도 못하는 방언으로 기도한다고 해서 주님께서 감동하시고 응답하시는 것이 아닙니다. 믿음의 기도를 기뻐하시고 응답하시는 것입니다.

셋째, 주님의 이름으로 하는 기도.

지금까지는 너희가 내 이름으로 아무것도 구하지 아니하였으나, 구하라 그리하면 받으리니 너희 기쁨이 충만하리라. (요한복음 16:24)

주님의 이름으로 기도한다는 것은 어떤 의미입니까? 이것은 단지 기도의 끝에 "예수님 이름으로 기도합니다"라는 표현을 덧붙이는 것 이상의 의미가 있습니다. 그것은 우리가 하나님께로 나아가 기도할 수 있도록 다리 역할을 해주시는 중보자이신 예수님의 이름의 권위와 그의 공로를 의지하는 믿음이 동반된 기도여야 한다는 의미가 있는 것입니다. "하나님은 한 분이시요 또 하나님과 사람 사이에 중보도 한 분이시니 곧 사람이신 그리스도 예수라"(디모데전서 2:5). 이 말씀은 예수님 외에는 다른 중보자가 없으며 우리는 예수님을 통하여 직접 하나님께로 나아가 기도할 수 있으며 또한 그렇게 기도해야 한다는 것을 보여 줍니다. 어떤 종교 지도자도 중보자가 될 수 없으며 어떤 위대한 사람도 하나님과 사람 사이의 중보자가 될 수 없습니다. 오직 유일한 중보자이신 예수님의 공로와 권위를 의지하고 기도하는 것입니다.

넷째, 순종하는 기도.

너희가 내 안에 거하고 내 말이 너희 안에 거하면 무엇이든지 원하는 대로 구하라. 그리하면 이루리라. (요한복음 15:7)

그리스도인이 기도할 때 그 기초로 순종하는 삶이 있어야 합니다. 우리가 주님 안에 거하고 주님의 말씀이 우리 안에 거한다는 것은 우리가 주님의 말씀을 따라 순종하는 삶을 사는 것을 의미합니다. 기본적으로 주님과 긴밀하게 교제하는 삶을 살며 그의 말씀에 순종할 때 그러한 사람의 기도의 삶은 더욱 발전하게 되고 하나님께서 그의 기도에 응답해 주시는 것을 경험하게 됩니다.

다섯째, 거룩한 삶을 기초로 한 기도.

내가 내 마음에 죄악을 품으면 주께서 듣지 아니하시리라. (시편 66:18)

물이 약 절반가량 차 있는 컵이 있는데 그 물이 더러운 물이라고 해봅시다. 그런데 만약 옆에 있는 사람이 아주 깨끗한 물을 그 컵에다가 부으려고 할 때 그 사람에게 먼저 어떻게 하라고 하겠습니까? 더러운 물을 쏟아 버리고 컵을 다시 깨끗이 씻으라고 말할 것입니다. 깨끗한 것을 받기 위해서는 더러운 것을 버리고 그릇을 깨끗이 해야 하는 것입니다. 하나님께서는 "네 더러운 그릇을 비우고 깨끗이 하라. 그러면 내가 채워 주겠다"고 하시는데도 우리는 "그냥 부어 주십시오" 하고 고집하곤 하는 것입니다. 마치 "좀 더러운 것이 있으면 어떻습니까? 그냥 먹지요" 하는 식의 태도입니다. 그러면 어떻게 우리 자신을 깨끗케 할 수 있겠습니까? 요한일서 1:9에 그 방법이 잘 나타나 있습니다. "만일 우리가 우리 죄를 자백하면 저는 미쁘시고 의로우사 우리 죄를 사하시며 모든 불의에서 우리를 깨끗케 하실 것이요."

하나님께서는 미쁘시므로 그의 약속대로 우리의 어떠한 잘못도 용서하시고 깨끗케 하여 주십니다. 그러나 죄를 자백하는 것은 우리의 책임입니다.

여섯째, 강청하는 기도.

내가 너희에게 말하노니, 비록 벗됨을 인하여서는 일어나 주지 아니할지라도 그 강청함을 인하여 일어나 그 소용대로 주리라. (누가복음 11:8)

어떤 가난한 사람이 있었는데 어느 날 갑자기 여행 중에 있는 그의 친구가 저녁 늦은 시간에 그의 집에 들렀습니다. 그 친구는 오랜 여행 끝에 와서 그런지 몹시 허기지고 지쳐 있었습니다. 그런데 참으로 난처했습니다. 오랜 만에 온 친구를 먹일 양식이 남아 있지 않기 때문이었습니다. 어떻게 할까 이리저리 궁리하다가 드디어 한 가지 생각을 하게 되었습니다. 그것은 이웃에 있는 친구 집에 가서 먹을 것을 빌려 오는 것이었습니다. 서둘러 그 친구 집으로 달려갔습니다. 하지만 방의 등불은 이미 꺼져 있었습니다. 아뿔싸! 그렇지만 할 수 없었습니다. 문을 두드리며 친구를 불렀습니다. "여보게! 밤중에 갑자기 친구가 찾아왔는데 먹을 것이 없네. 자네 집의 떡 세 덩이를 빌려 주게나!" 그 친구가 갓 잠이 들었다가 깨어서 귀찮은 생각이 들어서 대답했습니다. "나를 괴롭게 하지 말게. 문이 이미 닫혔고 아이들이 나와 함께 잠자리에 누웠으니 일어나 자네에게 줄 수가 없네." 그러나 그는 물러서지 않았습니다. "다 알고 있네. 하지만 지금은 어쩔 수 없네. 자네가 귀찮더라도 꼭 일어나 내게 떡 세 덩이를 빌려 주어야겠네" 하고 그는 계속 간절히 강청하였습니다. 결국 그 친구가 일어나 떡을 내주었습니다. 친구의 우정 때문에 준 것이 아니라 강청함을 인하여 주었다고 했습니다(누가복음 11:5-8 참조).

우리의 기도도 이와 같은 간절함과 지속성이 있어야 합니다. 간절한 마음으로 구할 때 귀찮은 것을 무릅쓰고 자다가 일어나서 떡을 내주었는데, 하물며 하나님께서 우리의 강청하는 기도에 응답지 않으시겠습니까? 우리는 하나님의 선하심과 신실하심을 믿고 더욱더 간절히, 지속적으로 기도해야 합니다.

일곱째, 겸손한 삶을 기초로 하는 기도.

하나님이 교만한 자를 대적하시되 겸손한 자들에게는 은혜를 주시느니라. (베드로전서 5:5하)

 하나님의 은혜는 겸손한 자들이 누리는 것입니다. 사람과의 관계에서 교만한 자는 하나님께도 겸손할 수 없는 것입니다. 교만한 자는 성경 지식을 늘리는 데는 관심이 많아도 기도하지는 않습니다. 또 교만한 자는 하나님을 믿는 자라 하더라도 하나님을 항상 필요로 하지 않고 삽니다. 그러므로 우리는 하나님과 사람 앞에서 항상 겸손한 마음을 지킬 때 전능하신 하나님께 나아가 기도하게 됩니다. 어떤 분이 말하기를, "기도는 하나님의 능하신 팔을 움직이는 가냘픈 신경 조직이다"라고 하였습니다. 우리의 팔에는 근육도 있고 인대도 있고 힘줄도 있는데 여기에 더불어 신경 조직이 있기 때문에 팔이 제대로 움직여지는 것입니다. 이와 같이 기도는 비록 보기에는 가냘프게 보일지 몰라도 능하신 하나님의 팔을 움직이게 하기 때문에 위대한 것입니다.
 이러한 의미에서 현대의 위대한 영웅은 바로 기도

하는 사람이라고 한 S. D. 고든의 말은 참으로 우리가 의미심장하게 받아들일 필요가 있습니다. 기도에 대하여 가르치거나 기도에 대하여 설교하는 사람이 아니라 기도를 하는 사람, 실제로 시간을 내어 애써 기도하는 사람이 오늘날 필요한 영웅입니다. 이 사람이 바로 하나님의 능하신 팔을 움직여 세계를 변화시키기 때문입니다.

VIII 구체적인 적용 사항들

아래의 모든 항목을 한꺼번에 다 실행하려고 하기보다는 몇 가지를 자신의 필요에 맞게 선택하여 구체적인 계획을 세워 실천해 나갈 때 효과적인 기도의 삶을 살 수 있을 것입니다.

1. 하나님은 어떠하신 분인가에 대한 성경공부를 한다.
2. 하나님께 대한 찬양의 내용을 매일 세 가지 이상씩 적고 찬양의 시간을 갖는다.
3. 경건의 시간(Quiet Time)을 더욱 효과적으로 갖기 위하여 적절한 변화를 시도한다.
4. 기도 제목을 주위 동료 그리스도인들에게 나누는 습관을 갖는다.
5. 기도 응답을 그리스도인들 앞에서 간증한다.
6. 기도의 동역자를 구하고 구체적인 시간 계획을 세워 실천한다.

7. 기도 노트, 기도를 위한 정보 자료(사진, 편지 등)를 활용하고 정기적으로 정리한다.
8. 기도에 관한 성경 말씀들을 뽑아서 암송한다.
9. 응답되지 않는 기도의 내용을 살펴보고 그것이 믿음의 인내를 필요로 하는 것인지 혹은 주님의 뜻이 아닌 것을 기도하고 있는 것인지를 분별하도록 한다.

＊ 네비게이토 소책자 시리즈 ＊

1. 성경암송을 통하여 주님께로 돌아오다 ·············· 도슨 트로트맨
2. 시대의 요청 ································· 도슨 트로트맨
3. 재생산을 위한 출생 ·························· 도슨 트로트맨
4. 수레바퀴 예화 ································· 네비게이토
5. 일대일 사역 ····································· 잭 그리핀

6. 제자의 특징 ······································ 론 쎄니
7. 하나님의 뜻을 아는 법 ··························· 러쓰 존스톤
8. 기도의 하루를 보내는 방법 ·························· 론 쎄니
9. 기도 응답을 받는 방법 ·························· 제리 브릿지즈
10. 경건한 여인 ··································· 라일라 스팍스

11. 전도를 즐기는 삶 (영문판 : A Life That Enjoys Evangelism) ····· 하진승
12. 섬김을 위한 부르심 ································ 레이 호
13. 정 직 ·· 헬렌 애쉬커
14. 그리스도를 닮아감 ································· 짐 화이트
15. 최후의 승리를 얻기까지 ··························· 월터 헨릭슨

16. 전도의 열정 ···································· 로버트 콜만
17. 영적인 의지력 ································· 제리 브릿지즈
18. 사고방식의 변화 ·································· 조지 산체스
19. 대인 관계의 성서적 지침 ··························· 조지 산체스
20. 말씀의 손 예화 ·································· 네비게이토

21. 열 심 (영문판 : ZEAL) ······························ 하진승
22. 원만한 결혼 생활 ···························· 잭 & 캐롤 메이홀
23. 조지 뮐러 ·· A. 심즈
24. 말씀 중심의 삶 ····································· 하진승
25. 주제별 성경 암송 제1권 ··························· 네비게이토

26. 주제별 성경 암송 제2권 ··························· 네비게이토
27. 주제별 성경 암송 제3권 ··························· 네비게이토
28. 서로 돌아보아 ····································· 하진승
29. 양 육 ··· 네비게이토
30. 경건이란 무엇인가 ····························· 제리 브릿지즈

31. 권위와 복종 ······································ 론 쎄니
32. 고난 중 도우시는 하나님 ························· 샌디 에드먼슨
33. 기도의 특권을 누리자 ······························ 하진승
34. 은혜로운 말 ··································· 캐롤 메이홀
35. 하나님을 의뢰함 ······························· 제리 브릿지즈

36. 친밀한 부부 관계의 원리 ······················· 짐 & 제리 화이트
37. 배우는 자로 살자 (영문판 : Live as a Learner) ············· 하진승
38. 합력하여 선을 이루시는 하나님 ···················· 리처드 크렌즈
39. 고난 중의 소망 ··································· 덕 스팍스
40. 청년의 시기를 어떻게 보낼 것인가 (영문판 : How to Live Out Our Youth) ··· 하진승

＊ 네비게이토 소책자 시리즈 ＊

41. 약속을 주장하는 삶 ································· 덕 스팍스
42. 경건의 시간을 갖는 법 ····················· 워렌 & 룻 마이어즈
43. 개인의 중요성 ··· 론 쎄니
44. 헌 신 ·· 로버트 보드만
45. 내가 배운 교훈들 ······························· 오스왈드 샌더스

46. 하나님의 말씀은 ·· 하진승
47. 현숙한 여인 ·· 신시아 힐드
48. 어떻게 친구를 사귈 것인가 ··················· 제리 & 메리 화이트
49. 외로움을 느낄 때 ······························· 엘리자베스 엘리엇
50. 하나님께서는 당신의 직업을 귀히 여기신다 ········· 셔먼 & 헨드릭스

51. 자녀의 자부심을 키워 주는 법 ················ 게리 스몰리 & 존 트렌트
52. 직장 생활에서 낙심될 때 ······························ 덕 셔먼
53. 스트레스를 다루는 법 ································ 단 워릭
54. 서로 의견이 엇갈릴 때 ······················· 잭 & 캐롤 메이홀
55. 그리스도인의 삶의 올바른 동기 ························· 하진승

56. 나를 기뻐하시며 사랑하시는 하나님 ·················· 룻 마이어즈
57. 제자삼는 삶의 동기력 ······························· 짐 화이트
58. 기도 - 보이지 않는 적과의 싸움 ···················· 제리 브릿지즈
59. 효과적인 간증 ······································ 데이브 도슨
60. 감격하며 살아야 할 그리스도인 ························· 하진승

61. 믿음의 경주 ··· 잭슨 양
62. 사도 바울의 영적 지도력 ······················· 오스왈드 샌더스
63. CARE(서로 보살피는 부부) ······························ 하진승
64. 참 특이한 기도(PPP : Pretty Peculiar Prayers) ············· 하진승
65. 모세의 순종 ··· 윙킴톡

66. 상급으로 주신 자녀 ···································· 하진승
67. 하나님께서 쓰시는 사람 ··························· 월터 헨릭슨
68. 기도의 본 ······························· 워렌 & 룻 마이어즈
69. 다윗의 한 가지 소원 ································· 조이스 터너
70. 생명을 구하는 삶 ······················· 피터슨 & 드렐켈드

71. 순종의 축복 ·· 마르다 대처
72. 참 좋으신 하나님 아버지 ···························· 리로이 아임스
73. 하늘에 보물을 쌓는 삶 ································· 잭 메이홀
74. 거룩 : 하나님께 성별된 삶 ···························· 헬렌 애쉬커
75. 가정의 중요성 (영문판 : Importance of Home & Family) ······ 하진승

76. 날마다 제 십자가를 지고 (영문판 : Taking Up the Cross Daily) ······ 하진승
77. 제자의 올바른 태도 ···································· 론 쎄니
78. 주님의 부르심을 따라가는 삶 ··························· 하진승

기도의 특권을 누리자

1989년 11월 24일 초판 1쇄 발행
2009년 12월 1일 개정 1쇄 발행
2023년 10월 20일 개정 6쇄 발행

펴낸곳: 네비게이토 출판사 ⓒ
주소: 03784 서울시 서대문구 연희로 16 (창천동)
전화: 02) 334-3305(대표), 334-3037(주문), FAX: 334-3119
홈페이지: http://navpress.co.kr
출판등록: 제10-111호(1973년 3월 12일)
ISBN 978-89-375-0355-9 02230

본 출판사의 서면 허락 없이는 본서의 전부 또는
일부의 무단 복제, 또는 원문에 대한 무단 번역을 금합니다.